大学生劳动教育

主　审　潘玉昆

主　编　刘明耀

副主编　张海军　李文学　赵新宇

科学出版社

北京

内 容 简 介

本书以劳动精神、劳模精神、工匠精神为主题，以学生为中心，以能力为本位，注重实践，通过完成学校劳动、社会劳动、家庭劳动，理解劳动文化，完成劳动任务，亲历劳动过程，反馈劳动感悟，强化劳动体验，提升劳动热情；充分挖掘劳动教育课程的树德、增智、强体、育美的育人价值，注重教育实效，实现知行合一，帮助学生形成正确的劳动价值观和良好的劳动品质，促进学生全面发展。

本书可作为大学生开展劳动教育的教材，也可作为学生第二课堂开展劳动教育的工具指导书。

图书在版编目（CIP）数据

大学生劳动教育 / 刘明耀主编. —北京：科学出版社，2023.7
ISBN 978-7-03-075568-1

Ⅰ. ①大… Ⅱ. ①刘… Ⅲ. ①大学生-劳动教育-教材 Ⅳ. ①G40-015

中国国家版本馆 CIP 数据核字（2023）第 088622 号

责任编辑：周春梅　宋　丽 / 责任校对：马英菊
责任印制：吕春珉 / 封面设计：东方人华平面设计部

科 学 出 版 社 出版
北京东黄城根北街 16 号
邮政编码：100717
http://www.sciencep.com
天津市新科印刷有限公司 印刷
科学出版社发行　　各地新华书店经销
*

2023 年 7 月第 一 版　　开本：787×1092　1/16
2023 年 7 月第一次印刷　　印张：8 1/2
字数：201 000

定价：34.00 元
（如有印装质量问题，我社负责调换〈新科〉）
销售部电话 010-62136230　编辑部电话 010-62135397-2040

习近平总书记 2020 年 11 月 24 日在全国劳动模范和先进工作者表彰大会上的讲话中说:"在长期实践中,我们培育形成了爱岗敬业、争创一流、艰苦奋斗、勇于创新、淡泊名利、甘于奉献的劳模精神,崇尚劳动、热爱劳动、辛勤劳动、诚实劳动的劳动精神,执着专注、精益求精、一丝不苟、追求卓越的工匠精神。劳模精神、劳动精神、工匠精神是以爱国主义为核心的民族精神和以改革创新为核心的时代精神的生动体现,是鼓舞全党全国各族人民风雨无阻、勇敢前进的强大精神动力。"

本书包括劳动精神、劳模精神和工匠精神三章,分为崇尚劳动、热爱劳动、辛勤劳动等十四节,每节均由"知识与能力""故事与案例""感悟与行动""劳动与实践""传承与拓展""复盘与反思"六部分组成。

"知识与能力"帮助学生深刻理解劳动内涵,形成马克思主义劳动观,牢固树立劳动最光荣、劳动最崇高、劳动最伟大、劳动最美丽的观念。

"故事与案例"大力宣传辛勤劳动、诚实劳动、创造性劳动的典型人物和事迹,弘扬劳动光荣、创造伟大的主旋律,为大学生树立榜样模范。

"感悟与行动"记录学生在学习"知识与能力"和"故事与案例"后的感受与收获,以及未来一段时间内的计划与行动,帮学生厘清思路,把握生活和学习的重点。

"劳动与实践"是每节的重点,该部分包含学校劳动实践、社会劳动体验和家庭劳动技能提升三个劳动项目,围绕日常生活、实习实训、社会实践等方方面面,让学生动手实践,掌握劳动能力,学会总结反思,完成劳动日记。

"传承与拓展"总结了古圣先贤的经典劳动诗词,让学生从经典中吸取养分,使劳动精神在传承中得到创新与弘扬,在漫长的中华历史文化长河中生生不息、不断发展。

"复盘与反思"记录学生经过理论和实践后在道德品行、知识技能、身体机能、审美能力、劳动素养等方面的提升,使劳动教育评价客观有效。

本书定位清晰,目标明确,逻辑有序,结构严谨,内容编排注重应用和创新实践,能够尊重学生在教育中的主体地位,充分挖掘劳动教育课程的树德、增智、强体、育美的综合育人价值;紧密结合学生身心发展实际和经济社会发展变化,使学生以参与行动为主,亲历劳动过程,注意手脑并用,强化实践体验,让学生通过身体力行掌握劳动技能,养成崇尚劳动、吃苦耐劳、奉献社会等宝贵品质。

本书由辽宁生态工程职业学院组织编写，由潘玉昆担任主审，刘明耀担任主编并负责统稿，张海军、李文学、赵新宇担任副主编并负责各模块设计，张金平、祁飞、郑蕾、王亮、于晶晶、宋雨泽、张瑜玲、张洪嘉、陈士奇、朱晓岩担任参编并负责全书的材料收集、整理、汇总。

由于编者水平有限，书中难免存在不足之处，恳请各位读者批评指正。

CONTENTS ■■■■ 目 录

第一章

劳动精神

　　劳动通常是指能够对外输出劳动量或劳动价值的人类活动，是人类有目的、有意识的实践活动。劳动是人类维持自我生存和自我发展的唯一手段，是社会存在和发展的基础。卓越的实践铸就伟大的精神，伟大的精神引领卓越的实践。在长期实践中，我们培育形成了崇尚劳动、热爱劳动、辛勤劳动、诚实劳动的劳动精神。劳动精神是中国共产党人精神谱系的重要内容，是以爱国主义为核心的民族精神和以改革创新为核心的时代精神的生动体现，意蕴丰富，历久弥新。

　　劳动是光荣的，是幸福的，是值得被崇尚的。它可以促进语言、思想、工具的发展，可以为当代书写奇迹，创造美好未来。在劳动过程中，劳动者不仅可以为社会带来价值，还可以得到心灵上的满足和应有的尊重。只有从心底产生对劳动的热爱，才会主动去劳动，将被动化为主动，才能全身心地投入劳动中，真正体会到劳动带来的幸福与快乐，从而激发内心的动力，促进更加忘我的拼搏劳动，提升劳动水平和劳动技能。辛勤的劳动是实现人生幸福的重要抓手，是诚实劳动和创造性劳动的基础和保障。只要劳动者肯付出辛勤劳动，无论在何种困苦环境下都能为自己赢得幸福。诚实劳动是劳动者在生产生活过程中应遵循的劳动要求和规则，在劳动过程中守法规、重标准不仅是每一个劳动者都应遵循的准则，更应是不断传承、发扬的传统美德。实干才能兴邦，脚踏实地才能得到真正的回报。

　　青年兴则国家兴，青年强则国家强。劳动精神可以帮助大学生树立科学的劳动价值观，懂得劳动创造价值、劳动创造社会；激励大学生立足实践，认识世界，探索真理，不断完善自我；培养大学生正确的劳动态度和劳动心理，遵循劳动的客观规律，形成正确的幸福观和择业观；引导大学生懂得实事求是、求真务实，提升服务社会、服务他人的奉献精神和服务意识。

第一节 崇 尚 劳 动

党中央和红军安家延安后，由于敌人的军事包围和经济封锁，条件十分艰苦。延安军民积极响应毛泽东同志发出的"自己动手、丰衣足食"号召，开展了热火朝天的大生产运动，有力支持了抗日前线。全党同志要大力弘扬自力更生、艰苦奋斗精神，无论我们将来物质生活多么丰富，自力更生、艰苦奋斗的精神一定不能丢，脚踏实地、苦干实干，集中精力办好自己的事情，把国家和民族发展放在自己力量的基点上。

——2022 年 10 月 27 日习近平在瞻仰延安革命纪念地时的讲话

知识与能力

建成富强民主文明和谐美丽的社会主义现代化国家，根本上靠劳动、靠劳动者创造。我们一定要在全社会大力弘扬劳模精神、劳动精神，引导广大人民群众树立辛勤劳动、诚实劳动、创造性劳动的理念，让劳动光荣、创造伟大成为铿锵的时代强音，让劳动最光荣、劳动最崇高、劳动最伟大、劳动最美丽蔚然成风。崇尚劳动一直都是中华民族的优良传统，也是人类文明进步的重要动力。大学生要努力成为懂劳动、会劳动、爱劳动的时代新人。

因为崇尚劳动，我们拥有了历史的辉煌和今天的成就。从日出而作、日落而息的古代劳动人民早出晚归的场景，到我们的环卫工人，或许我们很少看到他们的身影，但是每当喧闹的城市变得安静，拥挤的街道变得宽敞，我们进入梦乡之时，环卫工人们正在用他们勤劳的双手为我们装扮着一个崭新的黎明……

只有崇尚劳动，理解劳动可以创造价值、劳动创造社会、劳动是值得的，人们才会渴望劳动。因此，无论时代如何变化，我们都要崇尚劳动之风、认可劳动之力、推崇劳动之美。劳动不分贵贱，所有劳动者都值得被尊重。无论从事的是体力劳动还是脑力劳动，简单劳动还是复杂劳动，集体劳动还是个人劳动，只要能为社会发展作出贡献，都会得到广大人民群众的认可。

故事与案例

"中国氢弹之父"于敏

于敏，中国科学院院士，中国工程物理研究院高级科学顾问，曾荣获"国家科学技术进步奖特等奖"、"两弹一星"功勋奖章、"全国五一劳动奖章"，荣获"全国劳动模范"、"改革先锋"等荣誉称号，被评为"感动中国 2014 年度人物"。

于敏是我国杰出的核物理学家、我国核武器研究和国防高技术发展的杰出领军人物之一，在核物理、中子物理等方面取得多项重要研究成果，为建设强大国防、奠定我国大国地位作出了不可磨灭的贡献，被称为"中国氢弹之父"。

1961 年，时年 35 岁的于敏面对祖国召唤，投身我国核武器研制事业。他说："面对这样庞大的题目，我不能有另一种选择。一个人的名字，早晚要消失，能把微薄力量融进祖国强盛之中，便足感欣慰。"

对于敏来说，工作几乎就是他生命的全部。每次遇到难题，他都会带领大家反复讨论研究，谨慎选择技术途径，认真试算物理模型。有时为得到一个准确数据，他甚至趴在地上，绘出一条条特征线，然后马上跟大家讲解。于敏工作起来不分昼夜，有时因为产生灵感，半夜起床伏案工作；领导为限制他出差在外无休止地工作，总是派一位同事与他同住。于敏的同事都知道，在他面前，一个数据都不能含糊。在一次核试验之前，他突然发现原设计中一个数据可能有问题，但这时试验装置已下了竖井。他立即报告上级，要求暂停试验。经过一天一夜地查找，最后弄清这个不利因素可以为另一个抵偿因素所抵消，他才露出放心的笑容，向上级报告可以继续试验。

于敏未曾出国留学，自言是"道地的国产"。但他对自己的学生说，"土专家"不足为法，科学需要开放交流和开阔视野。因此，他鼓励学生出国留学，但有一个条件：开过眼界后就回国做贡献。

于敏曾告诫身边人，不要计较有名无名，要踏踏实实地做一个无名英雄。正如他 73 岁那年在一首题为《抒怀》的七言律诗中所表达的那样，即使"身为一叶无轻重"，也"愿将一生献宏谋"。

（资料来源：根据网络资料整理。）

感悟与行动

※　学习感受

_____

_____

_____

_____

※　阅读收获

_____

_____

_____

_____

※　未来计划

_____

_____

_____

_____

※　立刻行动

_____

_____

_____

_____

劳动与实践

※ 学校劳动实践

劳动主题	争创文明卫生寝室				
劳动目的	通过争创文明卫生寝室，增强大学生的劳动体验感和获得感，领悟劳动创造美好生活的深刻含义，养成良好的卫生习惯和劳动习惯				
劳动时间					
是否达成劳动目标	项目	是	否	项目	是	否
	寝室整洁明亮，空气清新，物品摆放井然有序			被子呈豆腐块形状，无褶皱		
	墙角无灰网，墙面无乱贴、乱挂、乱画情况			床单干净，无褶皱		
	地面整洁，无纸屑、果皮、杂物、污水积存等情况			衣柜内衣物叠放整齐，无异味。非当季衣物收纳存放，无未及时清洗的脏衣物存放于衣柜内		
	阳台整洁，物品摆放整齐，无杂物堆积等情况			桌面书籍及物品存放有序		
	门窗玻璃明亮，门框、窗框、窗台等无灰尘			床下鞋子摆放有序，方向一致，无未及时刷洗的脏鞋		
	床上被褥、枕头叠放整齐，方向一致，床上无杂物			暖瓶、洗漱用品等同一位置、固定摆放，整齐有序		
本次劳动收获					

※   社会劳动体验

劳动主题	向劳动者致敬
劳动目的	树立劳动最光荣、劳动最崇高、劳动最伟大、劳动最美丽的观念，体会劳动创造美好生活，体认劳动不分贵贱，热爱劳动，尊重普通劳动者，培养勤俭、奋斗、创新、奉献的劳动精神
劳动内容与方式	寻找 3 位不同岗位的劳动者，征求劳动者同意后与他们合影或者拍下他们的劳动瞬间，同时对劳动者进行简要的访谈并写下访谈记录
劳动时间	
劳动者 1 的 照片展示与访谈记录	
劳动者 2 的 照片展示与访谈记录	
劳动者 3 的 照片展示与访谈记录	
本次劳动收获	

※ 家庭劳动技能提升

劳动主题	我为家人做顿饭
劳动目的	提升日常基本生活劳动能力，通过劳动回馈父母、感谢父母的养育之恩
劳动内容与要求	1. 提前了解父母的身体状况、饮食习惯 2. 注意荤素搭配、营养均衡 3. 注意劳动工具的安全使用
前期准备	
劳动时间	
整体构思（包括餐品构成、父母喜好说明等）	
餐品描述及展示1	
餐品描述及展示2	
餐品描述及展示3	
本次劳动收获	
家人评价	

🎓 传承与拓展

※　诗词临摹

诗经·十亩之间

十亩之间兮，桑者闲闲兮，行与子还兮。

十亩之外兮，桑者泄泄兮，行与子逝兮。

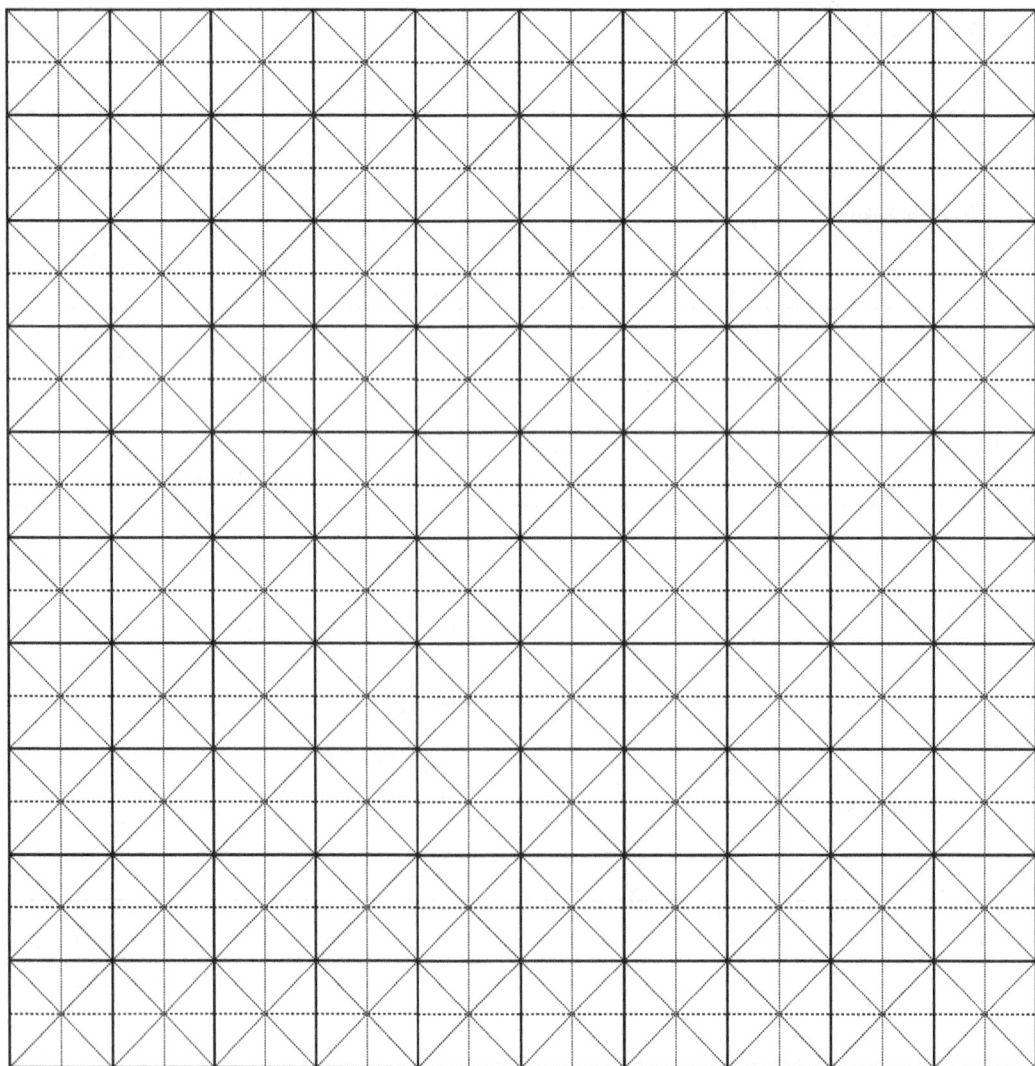

※ 拓展探析

这首诗描写了采桑女在忙碌的采桑过后，带着满满的收获回家的情景。"桑者闲闲兮"呈现了自由自在、悠闲喜悦地返回家中的情景，勾画出一派清新恬淡的田园风光，抒写了采桑女轻松愉快的劳动心情。采桑女在劳动中感受到喜悦和自在，从侧面体现出劳动人民纯真乐观、勤劳淳朴、崇尚劳动的劳动精神。

夕阳西下，暮色欲上，牛羊归栏，炊烟渐起。夕阳斜晖照进一片宽大的桑园，忙碌了一天的采桑女准备回家了。顿时，桑园里响起一片呼朋唤友的声音。人渐渐走远了，她们的说笑声和歌声却仍袅袅不绝地在桑园里回旋。劳动结束后，姑娘们呼朋唤友、相偕回家时的情景，既包含了紧张的劳动结束后的放松，也包含了面对一天的劳动成果满意而愉快的感叹。

※ 成长启示

大学生要紧跟时代步伐，主动学习，踏实工作，在劳动中享受快乐，在劳动中学会成长。与被动接受相比，发挥主观能动性非常关键。主动学习、主动工作不仅会带给人愉悦的心情和满足感，还能达到事半功倍的效果。

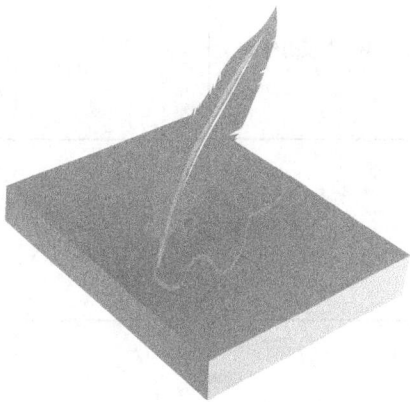

复盘与反思

复盘与反思项目	成长收获	劳动教育成效自评		
		优秀	良好	合格
道德品行				
知识技能				
身体机能				
审美能力				
劳动素养				
其他方面（如思维能力、自理能力、意志力等）				
复盘与反思结论				
小组评价	组长签字：　　　　　日期：			
教师评价	教师签字：　　　　　日期：			

第二节 热 爱 劳 动

劳动是财富的源泉，也是幸福的源泉。人世间的美好梦想，只有通过诚实劳动才能实现；发展中的各种难题，只有通过诚实劳动才能破解；生命里的一切辉煌，只有通过诚实劳动才能铸就。劳动创造了中华民族，造就了中华民族的辉煌历史，也必将创造出中华民族的光明未来。

——2013 年 4 月 28 日习近平在同全国劳动模范代表座谈时的讲话

知识与能力

农耕文明是中华优秀传统文化的根，农业生产劳动是推动我国社会发展的重要力量，劳动教育思想是中华优秀传统文化的重要内涵。劳动是人们满足衣食所必需的活动，热爱劳动、勤劳勇敢是中华民族最具代表性的传统美德。

热爱劳动就是要培养正确的劳动态度和积极的劳动心理，也就是要自觉自愿、积极主动地劳动。要推动全社会热爱劳动、投身劳动、爱岗敬业，为改革开放和社会主义现代化建设贡献智慧和力量。

全社会要通过弘扬热爱劳动的社会风尚，加强对劳动者的帮扶和支持，提高劳动者的收入，让热爱劳动的辛勤劳动者获得更多的回报，让每一位劳动者都能用劳动开创美好未来，从而提升劳动者的幸福感。通过劳动播种希望、收获果实，人们会更加热爱劳动，懂得劳动创造美好、劳动创造幸福。

在中国共产党的领导下，一代代热爱劳动的劳动者，以信念为峰，不惧登攀；以实践为刃，开拓前行。如今，热爱劳动的种子已在全体人民心中播撒，无论身处什么岗位，都不能失去劳动的热情和奋斗的激情。

故事与案例

航空"手艺人"胡双钱

胡双钱，中国商飞上海飞机制造有限公司数控机加车间钳工组组长，被称为航空"手艺人"。2015年10月13日，第五届全国道德模范评选，胡双钱被授予"全国敬业奉献模范"称号。2016年4月，胡双钱获2016年"全国五一劳动奖章"。

1980年，从小就喜欢飞机的胡双钱进入当时的上海飞机制造厂，亲身参与并见证了中国人在民用航空领域的第一次尝试——运10飞机研制和首飞。那一刻他强烈感受到造飞机是一件很神圣的事。然而，20世纪80年代初，运10项目下马了，原本聚集了各路中国航空制造精英的工厂转眼间冷清下来，争抢这些飞机技师的各公司专车甚至开到了工厂门口。面对私营企业老板开出的优厚工资，胡双钱谢绝了，他相信这里总有一天还会生产中国人自己的大飞机。

选择留下后，胡双钱与同事一起陆续参与了中美合作组装麦道飞机和波音、空客飞机零部件的转包生产，并抓住这些机遇练就了技术上的过硬本领。在我国启动ARJ21新支线飞机和大型客机研制项目后，胡双钱几十年的积累和沉淀终于有了用武之地。他先后高精度、高效率地完成了ARJ21新支线飞机首批交付飞机起落架钛合金作动筒接头特制件、C919大型客机首架机壁板长桁对接接头特制件等加工任务。他还发明了"反向验证"等一系列独特的工作方法，确保每一个零件、每一个步骤都不出差错。

坚守岗位、精益求精是匠人的职业道德，而心系祖国航空事业、不断探索技艺提升更是大国工匠的风范。划线是钳工作业最基础的步骤，为了提升精细度，胡双钱发明了对比检查法和反向验证法，虽然增加了工作量，却给零件加工增加了复查的机会，为加工的准确性和质量打下基础。

尽管荣誉加身，胡双钱仍选择默默奉献在飞机制造一线，用匠人本心成为无可替代的航空"手艺人"。谈及未来，胡双钱最大的愿望是："最好再干10年、20年，为中国大飞机多做一点。"

（资料来源：根据网络资料整理。）

感悟与行动

※ 学习感受

_____

_____

_____

_____

_____

※ 阅读收获

_____

_____

_____

_____

_____

※ 未来计划

_____

_____

_____

_____

※ 立刻行动

_____

_____

_____

_____

_____

劳动与实践

※　学校劳动实践

劳动主题	班级文化建设
劳动目的	通过小组劳动，打造整洁的教室环境，建设优美、健康向上的班级文化
劳动内容与要求	1．卫生清洁细致到位 2．墙报设计体现创意 3．班级文化内涵丰富 4．小组劳动
劳动时间	
劳动分工	
整体构思	
劳动过程描述	
劳动成果展示	
本次劳动收获	

※　社会劳动体验

劳动主题	农耕体验
劳动目的	体力劳动是劳动的基础,通过在劳动实践中出力出汗,体会身心愉悦之感。通过农耕体验了解农耕文化,了解作物的种植和生长过程,体验农民生活,培养热爱农业、热爱劳动、吃苦耐劳的精神品质
劳动内容与方式	自选一项农耕项目进行体验,如帮助农民播种、插秧、除草、种菜、秋收等
劳动注意事项	1. 提前做好计划 2. 选择合适的劳动工具,熟练掌握农具的使用方法,注意安全使用 3. 做好劳动过程记录
劳动时间	
劳动过程描述	
劳动成果展示	
本次劳动收获	

※ 家庭劳动技能提升

劳动主题	中华传统民俗之包饺子		
劳动目的	饺子是历史悠久的中华民族传统美食。在北方，每当逢年过节，饺子是家家户户必不可少的佳肴。通过和面、调馅、揉面、分剂子、擀皮、包饺子、煮饺子等劳动过程，体味自制美食的乐趣		
前期准备			
劳动时间			
劳动过程描述			
劳动技能获得	步骤	是	否
	和面		
	调馅		
	揉面		
	分剂子		
	擀皮		
	包饺子		
	煮饺子		
成果展示			
本次劳动收获			

传承与拓展

※　诗词临摹

诗经·芣苢

采采芣苢，薄言采之。采采芣苢，薄言有之。

采采芣苢，薄言掇之。采采芣苢，薄言捋之。

采采芣苢，薄言袺之。采采芣苢，薄言襭之。

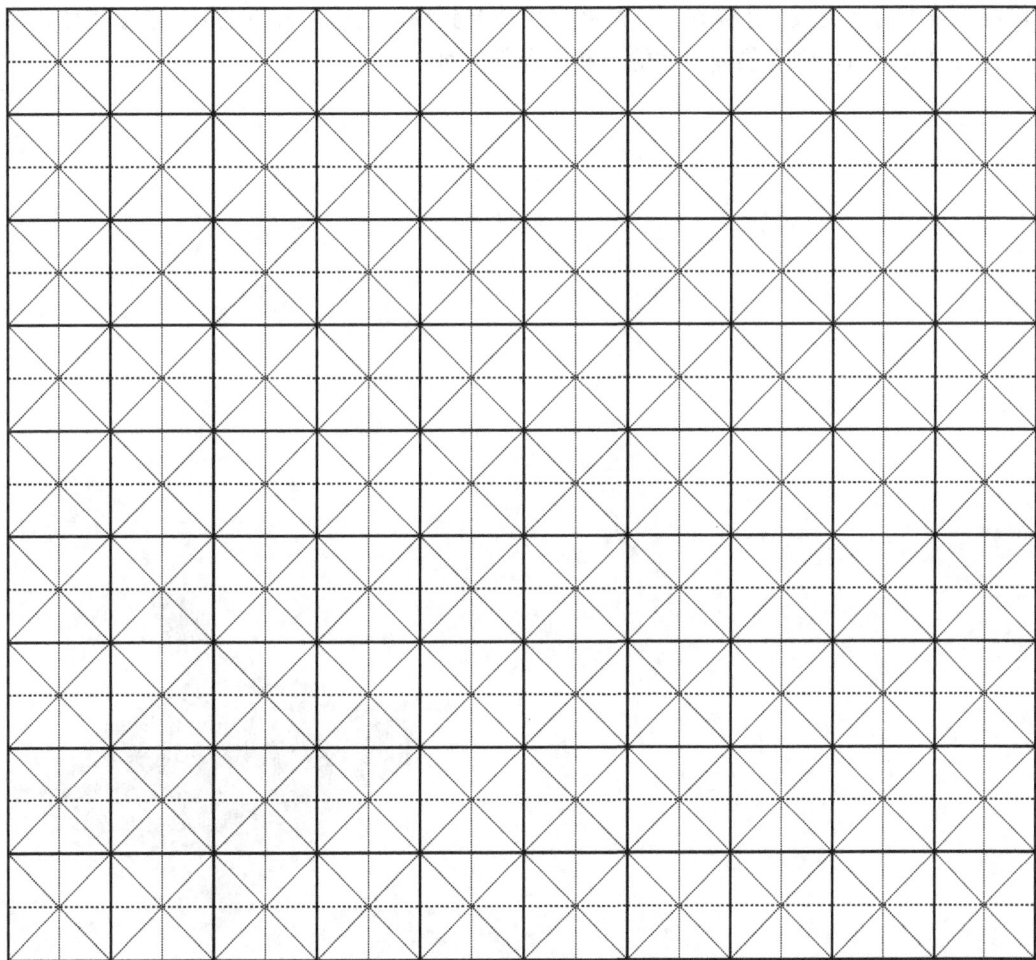

※　拓展探析

这首诗变换了六个动词，生动地将人们采摘车前草（菜）的场景呈现在读者眼前。通过反复咏唱，让读者仿佛看到三五成群的女子在山坡旷野劳动的身影，仿佛能听到她们的歌声，她们劳动时的欢快心情仿佛要溢出纸面。这首诗营造了一种紧张、忙碌、欢快的劳动氛围，深深地刻画出劳动者因收获而产生的满足之感和喜悦之情，表达了一种"生活虽不易，但艰难中伴随着快乐"的思想，抒发了中华民族热爱劳动、珍惜劳动成果的强烈情感。

※　成长启示

当代大学生要热爱自己所做的事，热爱自己所学的专业，只有持续热爱，才能在逆境或艰难中有所突破，才能在不断的攀登中体会到满足之感和喜悦之情。热爱工作，它能让人更有价值，唯有热爱，才能不断地奔赴山海。

复盘与反思

复盘与反思项目	成长收获	劳动教育成效自评		
		优秀	良好	合格
道德品行				
知识技能				
身体机能				
审美能力				
劳动素养				
其他方面（如思维能力、自理能力、意志力等）				
复盘与反思结论				
小组评价	组长签字： 日期：			
教师评价	教师签字： 日期：			

第三节　辛　勤　劳　动

　　各级党委和政府以及各级领导干部要认真贯彻党中央关于科技创新的决策部署，落实好创新驱动发展战略，尊重劳动、尊重知识、尊重人才、尊重创造，遵循科学发展规律，推动科技创新成果不断涌现，并转化为现实生产力。

——2020 年 9 月 11 日习近平在科学家座谈会上的讲话

知识与能力

　　辛勤劳动是对劳动过程的充分肯定，描述的是劳动者勤劳而肯于吃苦的劳动状态，表明要充分遵循劳动的客观规律。

　　习近平指出，"社会主义是干出来的，新时代是奋斗出来的"，"人生在勤，勤则不匮。幸福不会从天降，美好生活靠劳动创造"。辛勤劳动，是每一个中华儿女应有的劳动态度和生命状态。

　　"艰难困苦，玉汝于成"，习近平用这句古语形容改革开放以来中国的风雨历程和辉煌成就。我们取得的成就不是天上掉下来的，更不是别人恩赐施舍的，而是全党全国各族人民用勤劳、智慧、勇气干出来的。

　　回顾历史，我们的每一点进步、每一次成功都是通过劳动人民的艰苦奋斗、辛勤劳动创造出来的。越是美好的未来，越需要我们不畏艰辛、不辞辛苦地追求。

　　无论是体力劳动还是脑力劳动，所经历的都是一个艰苦奋斗的过程。只有辛勤劳动，才能懂得万事的艰辛。体力劳动要付出辛勤的汗水，而脑力劳动看似容易，却也要付出很多的心血。

　　只有勤于奋斗、乐于奉献，不断锤炼自身本领，淬炼自己的能力，追求卓越、争创一流，才能开创辉煌事业，铸就精彩人生。

故事与案例

"铁人" 王进喜

王进喜，中共党员，1923年10月生，黑龙江省大庆市大庆油田石油工人，因用自己的身体制服井喷而家喻户晓，人称"铁人"。2019年9月25日，王进喜被评选为"最美奋斗者"。

1958年9月，王进喜带领1205钻井队创造了月进尺5009米的纪录；1959年，创年钻井进尺7.1万米的全国纪录。同年，王进喜作为1205钻井队代表出席了全国群英会，参加了新中国成立10周年国庆观礼。

1960年3月，王进喜带领1205钻井队从玉门来到大庆。他带领全队把60多吨重的钻机设备化整为零，采用人拉肩扛的办法把钻机和设备从火车上卸下来，运到马家窑附近的萨55井安装起来。由于水管线还没接通，罐车又少，王进喜就带领工人到附近水泡子破冰取水，用脸盆端了50多吨水，保证萨55井正式开钻。饿了，啃几口冻窝窝头；困了，裹着老羊皮袄打个盹……通过全队工人的共同努力，只用了5天零4小时就打完了油田上第一口生产井。

第一口井完钻后，王进喜被钻杆堆滚下的钻杆砸伤了脚，当时昏了过去，但他醒来后继续工作。领导把他送进医院，他又从医院跑到第二口井（2589井）的井场，拄着双拐指挥打井；钻到约700米时，突然发生井喷。井场没有压井用的重晶石粉，经过研究，决定采用加水泥的办法提高泥浆密度压井喷。水泥加进泥浆池就沉底，又没有搅拌器，王进喜扔掉拐杖，跳进泥浆池，用身体搅拌泥浆。其他同志也纷纷跳入泥浆池，终于压住了井喷，保住了钻机和油井。

1960年7月，王进喜被树为全战区"五面红旗"之一。1964年，王进喜当选为第三届全国人大代表。1969年春，王进喜当选为党的九大代表，被选为中央委员。1970年4月，他被确诊为胃癌；同年11月病逝，终年47岁。"宁肯少活20年，拼命也要拿下大油田。"王进喜把一生献给了祖国的石油工业，时刻都在践行自己的誓言。

铁人精神是对王进喜崇高思想、优秀品德的高度概括，铁人精神是"爱国、创业、求实、奉献"大庆精神的典型化体现和人格化浓缩，是中华民族精神的重要组成部分，得到历届中央领导的充分肯定，深受社会各界的广泛承认和高度评价。

（资料来源：根据网络资料整理。）

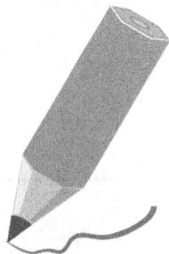

感悟与行动

※　学习感受

_____

_____

_____

_____

※　阅读收获

_____

_____

_____

_____

_____

※　未来计划

_____

_____

_____

_____

※　立刻行动

_____

_____

_____

_____

劳动与实践

※ 学校劳动实践

劳动主题	制作一个短视频
劳动目的	短视频是当今互联网十分流行的信息传达方式。通过短视频制作,提升语言组织能力、信息提取与传达能力等
劳动内容与要求	1. 内容积极向上,弘扬正能量 2. 时长 15 秒至 5 分钟 3. 挖掘受众群体感兴趣的素材 4. 注意视频清晰、凝练,使用普通话
劳动时间	
视频名称	
整体构思与内容介绍	
遇到的困难及解决方式	
视频效果描述(如播放量、存在的不足、如何改进等)	
本次劳动收获	

※ 社会劳动体验

劳动主题	今天我是环卫工
劳动目的	感悟"宁愿一人脏，换来万家净"的环卫精神，学习环卫工人辛勤劳动、诚实劳动的劳动精神
劳动内容与要求	1. 自主选择劳动体验地点 2. 做好劳动体验的沟通协调 3. 注意劳动工具的安全使用
劳动时间	
劳动过程描述及图片	
劳动成果展示	
本次劳动收获	

※ 家庭劳动技能提升

劳动主题	做蛋糕
劳动目的	学会简单的甜点制作，提升动手能力，增加生活情趣
劳动内容与要求	1. 选择一种自己喜爱的蛋糕或者甜点 2. 制作过程中注意劳动工具的安全使用 3. 将劳动过程及成果制作成短视频
前期准备	
劳动时间	
技术要点	
劳动过程描述	
遇到的困难及解决方式	
劳动成果展示	
本次劳动收获	

传承与拓展

※　诗词临摹

豳风·七月（节选）

七月流火，九月授衣。

一之日觱发，二之日栗烈。

无衣无褐，何以卒岁？

三之日于耜，四之日举趾。

同我妇子，馌彼南亩，田畯至喜。

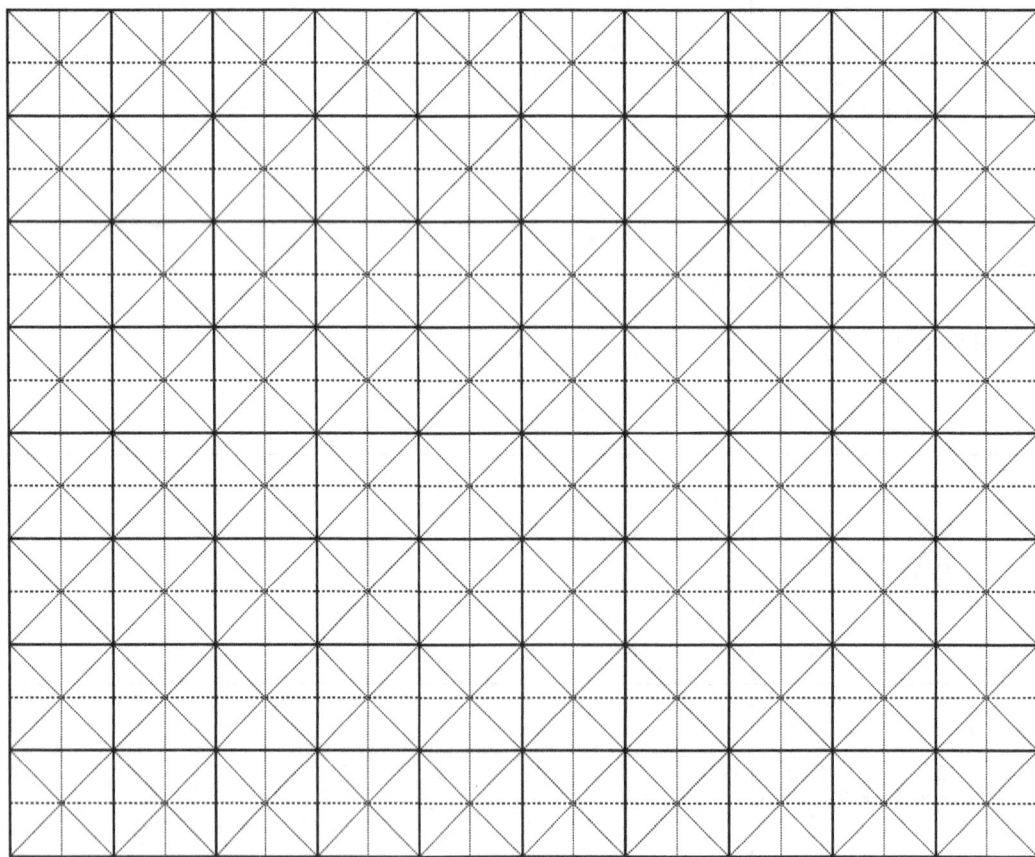

※　拓展探析

《豳风·七月》是《诗经·国风》中最长的一首农事诗。此诗记述了三千多年前周部落一年四季的劳动生活，包括春耕、秋收、冬藏、采桑、染绩、缝衣、狩猎、建房、酿酒、劳役、宴飨等，从多个角度生动地再现了当时的整体社会风貌，生活气息浓郁，寥寥几笔，概括了农户全年的劳动生活，瞬间将读者拉入当时充满艰辛和凄苦的时光。诗中虽然描写劳动者吃穿简陋，但整体基调是"乐而不淫，哀而不伤"，在辛勤忙碌中享受生活，体现了劳动者质朴、坚毅的力量，抒发了作者对劳动者辛勤劳动的赞扬和歌颂。

※　成长启示

大学生即使处于困境，也要保持积极乐观的人生态度，享受当下生活所给予的一切，通过坚持不懈的努力和辛勤的付出，将生活中的困难当作馈赠并将其转化为力量，最终会逆流而上，跨越山海，顶峰相见。

复盘与反思

复盘与反思项目	成长收获	劳动教育成效自评		
		优秀	良好	合格
道德品行				
知识技能				
身体机能				
审美能力				
劳动素养				
其他方面（如思维能力、自理能力、意志力等）				
复盘与反思结论				
小组评价	组长签字： 日期：			
教师评价	教师签字： 日期：			

第四节　诚 实 劳 动

> 劳动是一切成功的必经之路。当前，全国各族人民正满怀信心为实现"两个一百年"奋斗目标而努力。实现我们确立的奋斗目标，归根到底要靠辛勤劳动、诚实劳动、科学劳动。
>
> ——2014年4月30日习近平在乌鲁木齐接见劳动模范
> 和先进工作者、先进人物代表时的讲话

知识与能力

诚实劳动是辛勤劳动的表现。以诚为先、以诚为重、以诚为美，才是劳动应有之义。

诚实劳动是指在所干的工作合法合规的前提下，在劳动的过程中不投机取巧，不破坏劳动工具，不偷奸耍滑，遵守劳动纪律，勤勤恳恳。

诚实劳动是对劳动者品德的客观规定，是劳动者安身立命之本。幸福不会从天而降，梦想不会自动成真，正如习近平总书记所指出的："人世间的美好梦想，只有通过诚实劳动才能实现；发展中的各种难题，只有通过诚实劳动才能破解；生命里的一切辉煌，只有通过诚实劳动才能铸就。"

我们要从劳动中汲取道德营养，锻造劳动品德。诚实劳动是一种踏实的工作态度、方式和要求，表现为脚踏实地，勇于正视工作中出现的问题，积极钻研，善于解决，坚守工作标准，严守职业道德，遵循法律规范。诚实劳动是各行各业不同岗位劳动者的共同职责，是广大劳动者创造美好生活的基本前提和必然要求。

只有诚实劳动，理解和懂得真切、实在、敬业是合格劳动者的根本准则，人们才能实干。诚实劳动，久久为功，就能在平凡的岗位上创造出不平凡的成绩。

故事与案例

影响几代人的劳模许振超

许振超，中共党员，全国总工会兼职副主席，1974 年进入青岛港工作，曾先后荣获"青岛市劳动模范"、"青岛市优秀共产党员"、"山东省突出贡献技师"等荣誉称号。2018 年 12 月 18 日，中共中央、国务院授予许振超"改革先锋"称号，颁授"改革先锋"奖章，许振超还获评"工匠精神"的优秀代表。

1984 年，34 岁的许振超被选为青岛港第一批集装箱桥吊司机。桥吊司机的工作是在四五十米的高空仅凭左右手控制操纵杆，指挥吊具升降、前进和后退，在集装箱里"穿针引线"。仅有初中文化的许振超立足本职，干一行、爱一行、精一行，练就了"一钩准""一钩净""无声响操作"等绝活，并亲手带出"王啸飞燕""显新穿针"等一大批工人品牌。

"干就干一流，争就争第一"是许振超的座右铭。2003 年 4 月 27 日，在"地中海法米娅"轮的装卸作业中，振超团队创造了每小时单机效率 70.3 自然箱和单船效率 339 自然箱的世界集装箱装卸纪录。此后，他们又先后 9 次刷新集装箱装卸世界纪录，使"振超效率"成为港航界的一块"金字招牌"，也成为中国港口领先世界的生动例证。

许振超凭借着一颗工匠的初心一直在拼搏与探索的路上前行。他积极响应国家节能减排的号召，组织实施了"油改电"集成技术创新，这项技术创新填补了国际空白，年节约成本 2000 万元以上，噪声和尾气排放接近于零。

许振超积极响应青岛港"一心为民，造福职工"的政策，把员工当成自己的兄弟姐妹，倍加关心爱护，始终把保障下属员工安全作为自己第一位的责任，为员工制作和发放了"安全卡""爱心卡"。他还积极参与社会公益事业，带动同事们为身患骨癌的沂蒙山小姑娘捐款 3 万元，保证了手术的顺利进行，使小姑娘得以康复。

如今的许振超，仍经常在青岛港"许振超大师工作室"里，和新一代码头工人，围绕自动化集装箱码头技术开展创新工作。"我们不要'差不多'！要干就尽力做到极致，争取世界领先！"

（资料来源：根据网络资料整理。）

感悟与行动

※ 学习感受

_____

_____

_____

_____

※ 阅读收获

_____

_____

_____

_____

_____

※ 未来计划

_____

_____

_____

_____

※ 立刻行动

_____

_____

_____

_____

_____

劳动与实践

※　学校劳动实践

劳动主题	寝室垃圾分类
劳动目的	通过垃圾分类节约资源，提升生态环保意识
劳动内容与要求	1．熟练掌握垃圾分类知识 2．养成良好的垃圾分类习惯 3．注意有害垃圾的存放与处理
劳动时间	
垃圾分类知识讲解	
良好的垃圾分类经验	
劳动过程与图片分享	
本次劳动收获	

※ 社会劳动体验

劳动主题	销售员体验
劳动目的	通过销售岗位提升沟通能力，学会与顾客建立信任关系，体会诚实劳动的重要意义
劳动内容与要求	1. 自主选择销售形式，可以是上门推销、摆摊等 2. 注意销售商品的合法性 3. 提前学习一定的销售技巧与销售礼仪 4. 诚信经营
劳动时间	
销售商品及销售形式描述	
体验过程描述	
本次劳动收获	

※　家庭劳动技能提升

劳动主题	制作一份营养汤
劳动目的	汤具有很好的滋补与养生功效，通过本次活动，掌握不同类型汤品的制作方法，通过自己的劳动达到强身健体的作用
劳动内容与要求	1. 自选汤品，了解汤品功效 2. 注意选择新鲜食材，掌握食物搭配禁忌 3. 注意用水、用电、用刀等安全
劳动时间	
汤品名称	
汤品介绍（功效、适宜饮用季节、适宜人群等）	
食材需求	
制作过程	
成品展示	
本次劳动收获	

传承与拓展

※ 诗词临摹

畲田词（其四）

[北宋] 王禹偁

北山种了种南山，相助力耕岂有偏。

愿得人间皆似我，也应四海少荒田。

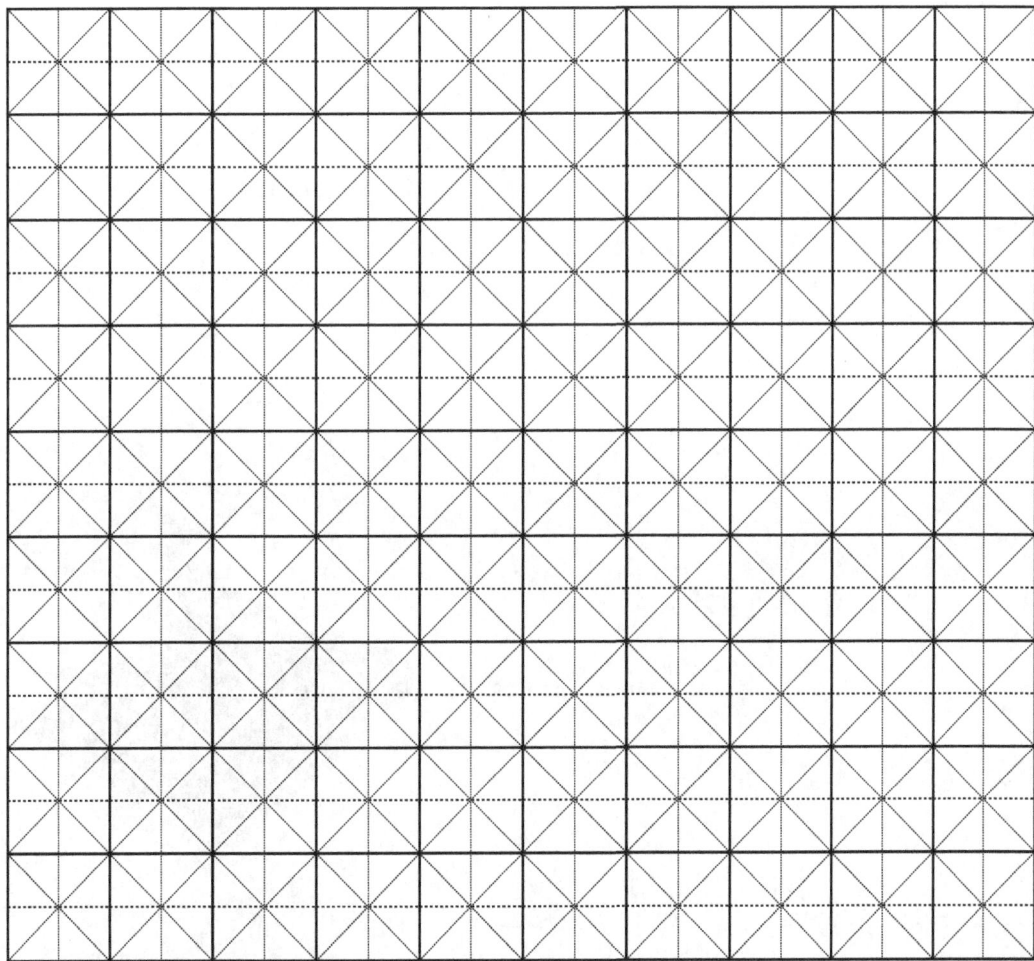

※　拓展探析

　　这首诗描写了山区农民互帮互助、自耕自足的生活。诗人以畲田劳动者的口吻创作，表达了农民的心声。诗人借第一人称直抒怀抱，赞扬了商州山民勤劳友爱的精神和淳朴无私的美德，赞扬了山民们源远流长的以诚相待、不挟私偷懒的传统美德，体现了古代劳动人民勤恳向上、诚实友爱的劳动精神。

※　成长启示

　　大学生要做到诚以待人、以信立身。无论是在学习中还是在未来的工作中，都要百分之百地投入、踏实勤恳，杜绝投机取巧，不要被眼前的利益所迷惑，要始终保持初心，诚实做事，真诚做人。诚信是个人立身处世的价值规范，大学生要说老实话、办老实事、做老实人。

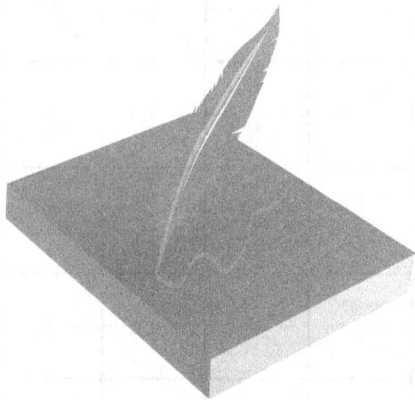

复盘与反思

复盘与反思项目	成长收获	劳动教育成效自评		
		优秀	良好	合格
道德品行				
知识技能				
身体机能				
审美能力				
劳动素养				
其他方面（如思维能力、自理能力、意志力等）				
复盘与反思结论				
小组评价	组长签字：　　　　　日期：			
教师评价	教师签字：　　　　　日期：			

第二章

劳 模 精 神

　　劳动模范和先进工作者是民族的楷模、时代的先锋，他们身上承载着"爱岗敬业、争创一流，艰苦奋斗、勇于创新，淡泊名利、甘于奉献"的劳模精神。这种精神是推动中华民族继续向前发展的精神支柱和创造民族辉煌的根本力量，其本质特色体现了劳模对国家、社会、职业的高度责任感、使命感和舍我其谁的主人翁意识，充分展现了我国新时代工人阶级和劳动群众的高度自信，是我国的强大精神力量和宝贵精神财富。

　　爱岗敬业、争创一流既是现代职业操守的追求，又是劳动模范和先进工作者的奋斗目标，还是劳模精神的根本特征，它离不开高度的责任感、强烈的使命感和坚忍不拔的进取精神。艰苦奋斗是劳动模范和先进工作者身上共有的优秀品质，是顽强拼搏、坚持不懈克服困苦的精神，是促进社会进步发展的不竭精神指引。打破常规是创新，勇于接受新鲜事物是创新。创新不仅可以占领科技高地、培养高精尖人才，更是社会进步发展的牵引器。淡泊名利、甘于奉献是劳动模范和先进工作者的精神追求，代表了他们向往的精神境界，同时体现了劳动模范和先进工作者的价值取向。

　　空谈误国，实干兴邦。弘扬劳模精神有助于营造劳动光荣的校园氛围，引导大学生在爱岗敬业的同时，自觉热爱祖国、热爱社会主义；有助于进一步激发大学生的爱国情怀，引导大学生自觉将个人愿望、个人梦想融入中国特色社会主义伟大事业，树立艰苦奋斗、淡泊名利的高尚品格，自觉为实现中华民族伟大复兴和共产主义而努力奋斗；有助于大学生增强对社会主义文化的认同感和民族自豪感，增进大学生学习劳动文化的热忱。

第一节　爱岗敬业

> 劳动模范和先进工作者是坚持中国道路、弘扬中国精神、凝聚中国力量的楷模，他们以高度的主人翁责任感、卓越的劳动创造、忘我的拼搏奉献，为全国各族人民树立了学习的榜样。
>
> ——2015 年 4 月 28 日习近平在庆祝"五一"国际劳动节暨表彰全国劳动模范和先进工作者大会上的讲话

知识与能力

　　爱岗敬业是爱岗与敬业的总称。爱岗是指热爱自己的工作岗位，热爱本职工作，这是职业道德的基础，即使面对乏味的、枯燥的工作，也要以一颗赤诚之心孜孜不倦地投入其中。敬业是指专心致力于工作。爱岗和敬业，互为前提，相互支持，相辅相成。爱岗是敬业的基石，敬业是爱岗的升华，两者关系紧密、相互促进。一份职业，一个工作岗位，都是一个人赖以生存和发展的基础保障。同时，一个工作岗位的存在，也是人类社会存在和发展的必然需要。所以，爱岗敬业不仅是个人生存和发展的需要，也是社会存在和发展的需要。爱岗敬业应是一种普遍的奉献精神。

　　只有对自身的岗位与职业充满热爱之情、敬重之心，才能在工作中不断提升自我、完善自我，才能在平凡的岗位上作出不平凡的事业。

故事与案例

"人民英雄" 张定宇

　　张定宇，中共党员，湖北省卫生健康委党组成员、副主任、公共卫生总师。2014年任武汉市金银潭医院党委副书记、院长。2020年8月，张定宇被授予"人民英雄"国家荣誉称号。2021年11月，第八届全国道德模范榜单揭晓，张定宇获评"全国敬业奉献模范"。

　　新冠疫情暴发之初，作为武汉市唯一一家传染病专科医院，金银潭医院被称为这次疫情的"暴风之眼"。张定宇冲锋在前，身先士卒，既当指挥员又当战斗员，迅速改造病房组建隔离病区，率先采集样本进行病毒检测，为确诊和治疗新冠肺炎赢得了宝贵的时间。在武汉抗击疫情最艰难的时刻，张定宇近3个月没有休息，经常半夜2点躺下，4点就得爬起来，每天不停地处理各种突发事件，不停地收治病人……医者仁心，每一次在患者和自己、家庭之间选择，张定宇都以患者为先。就在他日夜奋战在抗疫一线时，同为医务人员的妻子感染了新冠病毒。分身乏术的他在妻子入院3天后的11点多才赶去医院探望，陪护了不到半小时。

　　张定宇是一名医生、党员，但同时也是一名病人。2018年，张定宇被确诊患有渐冻症，其病变过程如同活人被渐渐"冻"住，直至身体僵硬，呼吸困难，失去生命，医生告诉他或许仅剩六七年的寿命。张定宇的双腿已经开始萎缩，脚步越来越迟缓，上楼时必须用双手用力拉扶手，有一次他走着走着居然趴倒在地上，许久站不起来。在与病魔做斗争的过程中，他顾不上"珍惜"自己的身体，迈着高低不平的脚步与病毒赛跑、与时间赛跑，日夜奋战在最前线。在他的感召下，全院240多名党员没有一人迟疑、退缩，全部坚守在急难险重一线，为保护人民生命安全竭尽全力。

　　渐冻症是不治之症，张定宇克服病痛，用他"渐冻"的生命托起无数病患的生命健康。"身体状况都这样了，为什么还这么拼？"张定宇不止一次被问到类似的问题，他坦言："我必须跑得更快，才能跑赢时间，抢回更多患者。能够工作是很幸福的，能够帮助到他人也是很幸福的。"

（资料来源：根据网络资料整理。）

感悟与行动

※ 学习感受

_____

_____

_____

_____

※ 阅读收获

_____

_____

_____

_____

※ 未来计划

_____

_____

_____

_____

※ 立刻行动

_____

_____

_____

_____

劳动与实践

※　学校劳动实践

劳动主题	熟练掌握一项职业技能
劳动目的	树立爱岗敬业精神，提升职业技能，涵养职业道德，为将来走向工作岗位做足准备
劳动形式	小组劳动，每组 3～5 人
劳动时间	
未来岗位目标	
技能名称	
预期目标与实现计划	
努力过程	
小组分享交流或评比记录	

※ 社会劳动体验

劳动主题	岗位实习或实训
劳动目的	通过专业岗位体验，提升专业情感，寻不足、找差距，明确今后努力的方向
劳动内容与要求	1．做好充分的准备，如着装等 2．注意倾听、学会观察，要有谦逊有礼的态度和脚踏实地、吃苦耐劳的精神 3．听从单位领导或师傅安排，严格遵守操作流程，注意操作安全
劳动时间	
实习或实训岗位名称	
岗位所需能力（包括综合能力、职业道德、职业技能等）	
劳动中克服的困难	
今后努力的方向	
实习风采	
本次劳动收获	

※　家庭劳动技能提升

劳动主题	自制花果茶
劳动目的	通过制作花果茶满足自身需求，了解中国传统养生花果茶的调配方法，增加生活美感与仪式感
劳动内容与要求	1. 自选花果茶，了解花果茶的制作原理 2. 注意选择新鲜水果与食材 3. 注意用水、用电、用刀等安全
劳动时间	
花果茶名称	
花果茶介绍（功效、原理、适宜饮用季节、适宜人群等）	
材料使用	
制作过程	
成品展示	
本次劳动收获	

🎓 **传承与拓展**

※　诗词临摹

蜂

[唐] 罗隐

不论平地与山尖，无限风光尽被占。

采得百花成蜜后，为谁辛苦为谁甜？

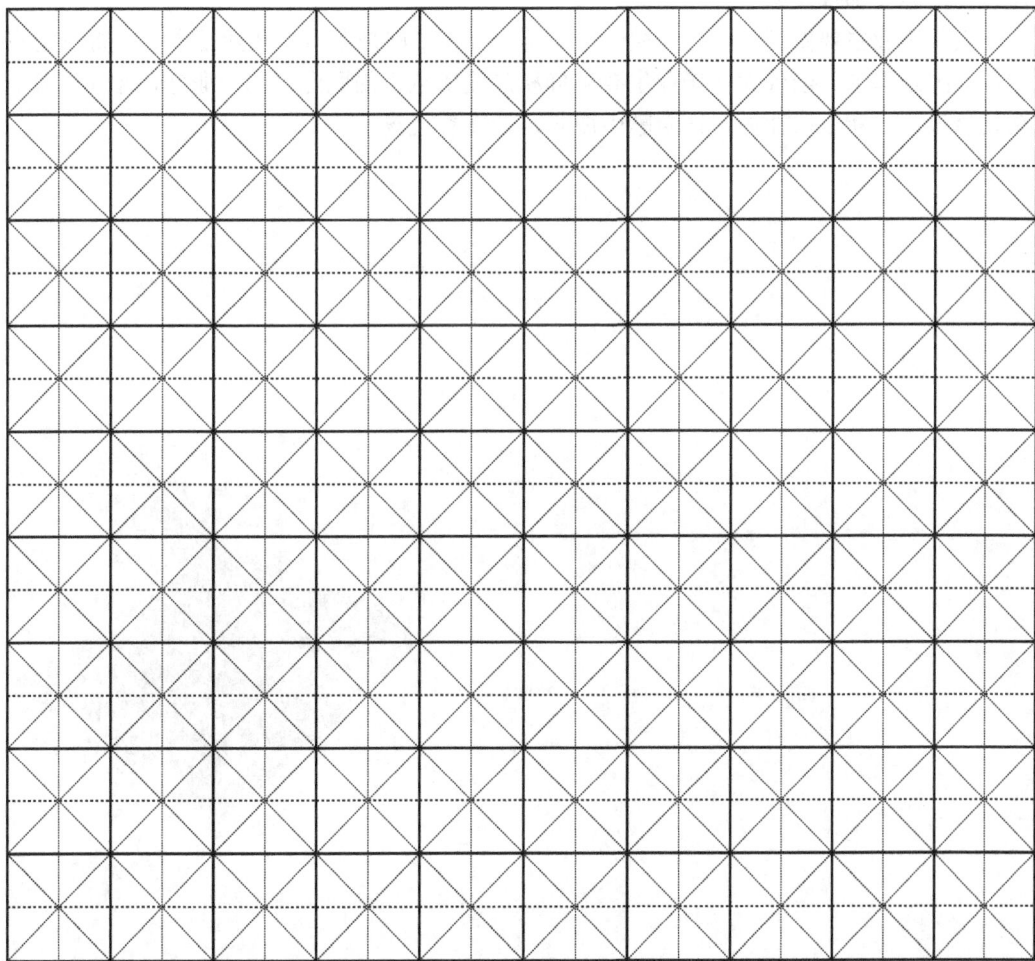

※　拓展探析

这首诗表达了蜜蜂为酿蜜而劳苦一生的精神。全诗用词平淡，毫无藻饰，以独具特色的艺术表达方式，借物咏志，将蜜蜂暗喻为劳动人民，借蜜蜂的特点表达了对劳动人民辛勤劳动的歌颂和对不劳而获、在其位不谋其政者的讽刺和不满。这首诗寓意深远，表达了劳动人民忠于职业、热爱工作、敬业奉献的精神。

※　成长启示

人类是劳动创造的，社会是劳动创造的。敬业是对待生产劳动和人类生存的一种根本价值态度。社会主义核心价值观要求人们尊重劳动、尊重知识、尊重人才、尊重创造，热爱和认同自己的职业和工作，珍惜和保护他人的劳动成果。劳动没有高低贵贱之分，任何一份职业都很光荣。

大学毕业生要做到干一行、爱一行、精一行。爱岗是职责，敬业是本分，青春是资本，奉献是追求。当代大学毕业生要敬仰和热爱所从事的职业，忠于职守，踏实工作，勤勤恳恳，不断钻研业务，在奉献中成长，让青春飞扬。

复盘与反思

复盘与反思项目	成长收获	劳动教育成效自评		
		优秀	良好	合格
道德品行				
知识技能				
身体机能				
审美能力				
劳动素养				
其他方面（如思维能力、自理能力、意志力等）				
复盘与反思结论				
小组评价	组长签字： 日期：			
教师评价	教师签字： 日期：			

第二节　争 创 一 流

> 实现我们的发展目标，不仅要在物质上强大起来，而且要在精神上强大起来。全国各族人民都要向劳模学习，以劳模为榜样，发挥只争朝夕的奋斗精神，共同投身实现中华民族伟大复兴的宏伟事业。
>
> ——2013 年 4 月 28 日习近平在同全国劳动模范代表座谈时的讲话

知识与能力

争创一流是一种积极进取的精神，是指在工作岗位中不断追求卓越，重点在于"争"和"一流"，强调的是敢为人先的闯劲和拼劲，以及百尺竿头、更进一步的努力与追求。只有持续保持奋力向前之心，才能突破自身的极限和环境的束缚，在更高的平台上、更广阔的天地成就不一样的事业，实现不一样的人生价值。

争创一流，就是要做得比别人强，敢于争当标兵，勇于做他人的榜样；勇当排头，有勇气、有决心、有耐心地进行大胆的尝试，排除万难，勇于开创。

争创一流是一种积极进取的精神境界，是一种不怕困难、砥砺奋进的蓬勃力量。我们每个人都要凭借这种精神力量，在全面建设社会主义现代化国家新征程中，勇当开路先锋，勇当事业闯将。

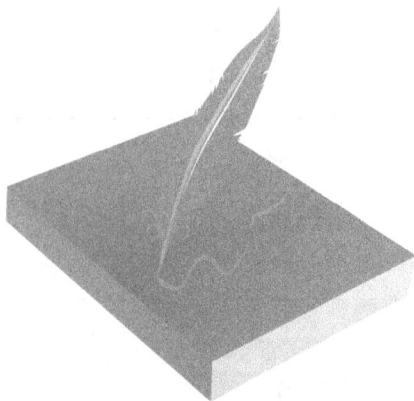

故事与案例

"光华工程科技奖"获得者张琨

提起中国建筑第三工程局有限公司（以下简称中建三局）总工程师张琨，也许知道的人不多，但说起中央电视台新台址、北京第一高楼"中国尊"、中国结构第一高楼天津117大厦等，大家就不会陌生了，这些享誉国内的摩天大厦凝聚着中国建筑业科技尖兵——张琨的辛勤劳动。张琨立足岗位、争创一流，数次摘得国家科技进步奖，获得国家发明专利80多项，从一名技术员成长为能够与国际顶尖对手抗衡的中国科技专家，挺起中国建造的脊梁。

2000年，张琨任中建三局钢结构公司总工程师，当时深圳文化中心钢结构工程在招标筹备阶段，这个工程由日本著名钢结构大师设计，该设计师巧妙地赋予建筑物"黄金树"的造型，即67个铸钢节点没有一个相同，最复杂的节点伸出的接头多达10个。由于当时树枝结构在世界范围内也是刚采用不久，即使在技术领先的日本，铸钢节点也是一个尖端课题，因此，设计方断言没有一家中国企业能够完成这项工程，当时投标的一家日本公司认为绝对不会有其他公司有能力与其竞标，便给业主报了一个天价。

张琨迎难而上，走访铸造厂家，学习铸造行业基本知识，一遍遍地设计，一遍遍地修改，一遍遍地试验，仅用了一年时间就带领他的技术团队用日方十分之一的报价，把图纸上错综复杂的"树枝状"变成了"铁的事实"，不仅填补了国内的空白，而且中国钢结构施工水平从此跨入国际先进列。

2004年，张琨兼任中央电视台新台址建设工程总工程师，该工程曾被英国《泰晤士报》评选为全球十大"最强悍工程"之一。两栋塔楼双向倾斜6度，在160米高空由钢结构大悬臂连为一体，形成巨大而不规则的"门"字形"立体城市"。悬臂14层，宽39.1米，高56米，用钢1.4万吨，相当于将国内第一栋钢铁大厦深圳发展中心悬空建造。中央电视台新台址悬臂一开始施工就备受关注甚至质疑，张琨在没有先例可循的情况下，精心计算构件的精准偏移量，大胆提出"两塔悬臂分离、逐步阶梯延伸、空中阶段合龙"的安装方式。

历时4年，2008年，中央电视台新台址主楼悬臂钢结构在合龙点上精确安装就位。在新闻发布会上，张琨骄傲地向全世界宣布："我们严格按照国际一流标准，完成了不可能完成的任务，达到了国际钢结构的最高水准。"

（资料来源：根据网络资料整理。）

感悟与行动

※　学习感受

_____
_____
_____
_____
_____

※　阅读收获

_____
_____
_____
_____
_____

※　未来计划

_____
_____
_____
_____
_____

※　立刻行动

_____
_____
_____
_____
_____

劳动与实践

※ 学校劳动实践

劳动主题	21 天养成良好的学习习惯		
劳动目的	通过 21 天严格自我要求，培养不断进取、永不懈怠、只争朝夕的奋斗精神		
劳动内容与要求	1. 依据"最近发展区理论"设定预期目标 2. 制订切实可行的行动计划 3. 坚持不懈，日积月累		
预期目标			
计划表	第一天	第二天	第三天
	第四天	第五天	第六天
	第七天	第八天	第九天
	第十天	第十一天	第十二天
	第十三天	第十四天	第十五天
	第十六天	第十七天	第十八天
	第十九天	第二十天	第二十一天
完成情况 （用☺代表目标达成， 用☹代表目标未达成）	第一天	第二天	第三天
	第四天	第五天	第六天
	第七天	第八天	第九天
	第十天	第十一天	第十二天
	第十三天	第十四天	第十五天
	第十六天	第十七天	第十八天
	第十九天	第二十天	第二十一天
遇到的困难及解决方式			
本次劳动收获			

※ 社会劳动体验

劳动主题	完成一项社会调研
劳动目的	通过问卷调查形式深入社会、了解国情、体验社情，积累社会阅历，养成严谨认真、实事求是的工作态度
劳动内容与要求	1. 自选调研主题，立足社会现实，积极向上 2. 小组劳动 3. 调研题目设计科学严谨，问卷真实有效 4. 形成调研报告，凝练创新项目
劳动时间	
调研题目	
调研问卷 （可另附）	
调研过程描述	
调研报告大纲	
本次劳动收获	

※ 家庭劳动技能提升

劳动主题	学会种菜
劳动目的	掌握蔬菜种植基本知识，提升动手能力和生活趣味，享受自己动手的劳动成果
劳动内容与要求	1. 依据实际情况，自选种植品种与种植数量 2. 提前学习蔬菜种植知识，科学正确地培育蔬菜
劳动时间	
蔬菜名称	
种植技巧与注意事项	
蔬菜成长过程记录	
遇到的困难及解决方式	
本次劳动收获	

传承与拓展

※　诗词临摹

七律·长征

毛泽东

红军不怕远征难，万水千山只等闲。

五岭逶迤腾细浪，乌蒙磅礴走泥丸。

金沙水拍云崖暖，大渡桥横铁索寒。

更喜岷山千里雪，三军过后尽开颜。

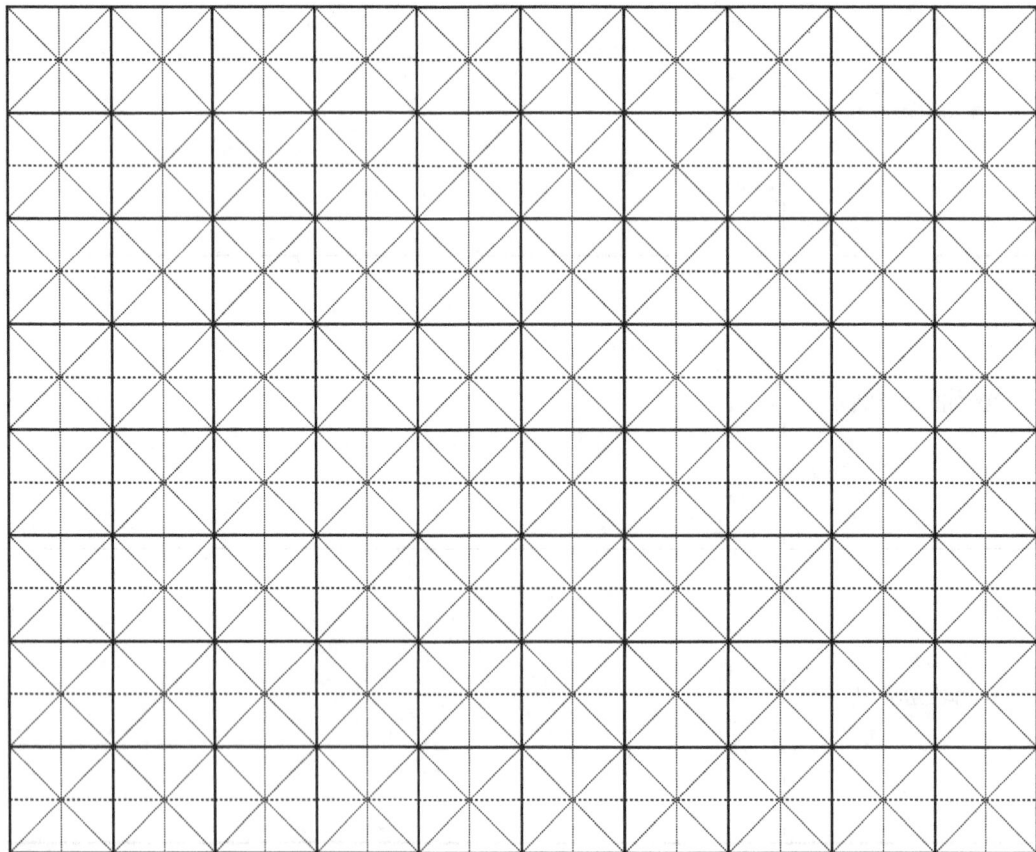

※　拓展探析

　　这首诗高度概括了长征途中的各种艰难险阻。纵观全诗，气势磅礴，格调高昂，笔力雄健，不仅大处雄浑，节奏强烈，抑扬顿挫。诗中对仗工整，用词精妙。"不怕"二字铿锵有力，下笔千钧，以坚定的语气表现出红军勇敢顽强、顶天立地的英雄形象；"等闲"二字将困难轻轻一描，表现出红军藐视困难、蔑视敌人、从容不迫的自豪感。全诗对张牙舞爪、穷凶极恶的敌人不置一字，视之若无，赞扬了红军不畏艰难、英勇顽强的革命英雄主义和乐观主义精神，也体现了红军在困境中勇于突破极限、敢闯敢拼、奋力向前、积极进取的劳动精神。

※　成长启示

　　勇当"强国一代"排头兵。革命先驱李大钊赠言青年学生："为世界进文明，为人类造幸福，以青春之我，创建青春之家庭，青春之国家，青春之民族，青春之人类，青春之地球，青春之宇宙。"当代大学生生逢盛世，要增强志气、骨气和底气，勇做走在时代前列的奋进者、开拓者、奉献者，用拼搏的青春高呼："强国一代有我在！"

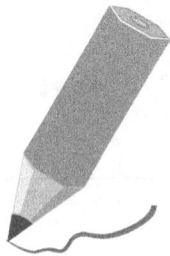

复盘与反思

复盘与反思项目	成长收获	劳动教育成效自评		
		优秀	良好	合格
道德品行				
知识技能				
身体机能				
审美能力				
劳动素养				
其他方面（如思维能力、自理能力、意志力等）				
复盘与反思结论				
小组评价	组长签字：　　　　　　日期：			
教师评价	教师签字：　　　　　　日期：			

第三节　艰 苦 奋 斗

希望广大劳动群众坚定信心、保持干劲，弘扬劳动精神，克服艰难险阻，在平凡岗位上续写不平凡的故事，用自己的辛勤劳动为疫情防控和经济社会发展贡献更多力量。

——2020 年 4 月 30 日习近平给郑州圆方集团全体职工的回信

知识与能力

艰苦奋斗是党团结和带领人民实现国家富强、民族振兴的强大精神力量。艰苦奋斗是一种斗争精神，即不怕艰难困苦，英勇顽强去战胜困难；艰苦奋斗是一种创业精神，即在与艰难困苦作斗争中，奋发向上，锐意进取，辛勤创业；艰苦奋斗是一种献身精神，即为了国家和人民利益，乐于奉献，勇于献身。

艰苦奋斗是中华民族的传统美德，中国凭借这种精神，岿然屹立于世界的东方。

社会主义是干出来的，新时代是奋斗出来的。我们党之所以历经百年而风华正茂、饱经磨难而生生不息，就是凭着那么一股革命加拼命的强大精神。艰苦奋斗精神为我们党筚路蓝缕、奠基立业，为实现人民富裕、国家富强提供了强大的精神力量。

在建设中国特色社会主义现代化过程中，艰苦奋斗的精神在劳动者的身上更加彰显出来。习近平主席在多个场合强调"幸福都是奋斗出来的"，"奋斗本身就是一种幸福"，"新时代是奋斗者的时代"。这告诉我们，理想的实现需要从我做起，从现在做起，从平凡做起。新时代要有担当、有作为，需要坚持和发扬艰苦奋斗的精神。把握今天，珍惜今天，用理想作纸，用勤奋作笔，书写壮阔美丽的青春。

故事与案例

扎根天山奔小康的奋斗者王平

王平，新疆生产建设兵团第五师八十四团七连职工，2008 年加入中国共产党，先后被评为"全国创先争优优秀共产党员""全国巾帼建功标兵""全国劳动模范"，2017 年被推选为党的十九大代表。经过三十多年的艰苦卓绝的打拼，王平从最初的打工妹成长为致富带头人，她不但奋斗出自家的好日子，更是带领困难职工群众共同走上了小康之路。

三十多年前，刚到新疆的王平就被这里的艰苦条件惊呆了，不仅饮食难以习惯，甚至没有住的地方。王平最开始干的是打零工的活，别人嫌累不肯干的活她去，别人收棉花一天收七八十公斤，个子小的王平一天却能收 180 公斤。连里 300 多只羊没人愿意放，王平不忍看着连里的羊就这样散着，毫无经验的她主动学习如何放牧，在野外风吹日晒，下雨刮风时连个遮风挡雨的地方都没有，她就把装化肥的塑料袋撕开之后缝在一起，随手找几根木棍作为支撑，做成一个简陋的窝棚。饿了就吃点自带的干粮和水，有时忙起来一口都顾不上吃。王平可不是仅仅能吃苦，她的头脑也非常灵活，当时按照规定每头羊有 2 分的饲料地，王平就用 300 头羊的 60 亩① 饲料地种了苜蓿和麦子。她一边放羊一边种地，在她的苦干下，不仅人和羊都有了吃的，羊群数量也增加到了 500 头，年底还净收益 1.1 万元。

有了种地的成功经验，王平贷款承包了连里别人都不愿意耕种的 800 亩荒地。面对杂草丛生的这一大片荒地，她和丈夫每天三四点钟就起床，直到晚上八九点钟才收工，中午别人休息他们也不停下来，吃口干粮接着干，仅仅用了一个星期就把 800 亩荒地里的杂草清理得干干净净。她在这片荒地上种了小麦、棉花、甜菜等，并学习了施肥、浇水等知识技能。除了睡觉，王平和丈夫基本上都在地里劳动。功夫不负有心人，这一年他们不仅还上了全部贷款，还净赚 20 万元。

为了带动连里更多的人留乡种地，从而带动连里经济发展，王平主动让出了自己开垦出来的好地，用自己的存款帮助困难职工买了农机，抵押自己的房子贷款帮助困难职工搞承包……她带头学习现代农业生产技术，把自己积累的种地经验毫无保留地分享给大家。这些年她借出的钱超百万元，全连百余名职工大多得到过王平的帮助，她让出的好地有 1000 多亩，惠及几十个家庭，数十户职工在王平的帮助下致富。

（资料来源：根据网络资料整理。）

---

① 1 亩≈666.67 米²。

感悟与行动

※ 学习感受

_____

_____

_____

_____

※ 阅读收获

_____

_____

_____

_____

※ 未来计划

_____

_____

_____

_____

※ 立刻行动

_____

_____

_____

_____

劳动与实践

※ 学校劳动实践

劳动主题	21 天养成运动习惯				
劳动目的	通过 21 天运动打卡,做到自律自强,不断突破自我,锻炼健康体魄				
劳动内容与要求	1. 依据身体情况制定目标与行动计划 2. 坚持不懈,直至成功				
预期目标					
计划表	第一天		第二天		第三天	
	第四天		第五天		第六天	
	第七天		第八天		第九天	
	第十天		第十一天		第十二天	
	第十三天		第十四天		第十五天	
	第十六天		第十七天		第十八天	
	第十九天		第二十天		第二十一天	
完成情况 (用☺代表目标达成, 用☹代表目标未达成)	第一天		第二天		第三天	
	第四天		第五天		第六天	
	第七天		第八天		第九天	
	第十天		第十一天		第十二天	
	第十三天		第十四天		第十五天	
	第十六天		第十七天		第十八天	
	第十九天		第二十天		第二十一天	
遇到的困难及解决方式					
本次劳动收获					

※ 社会劳动体验

劳动主题	开展一项勤工助学劳动
劳动目的	通过勤工助学,增加人生阅历,培养自立自强、艰苦奋斗的意识和能力
劳动内容与要求	1. 依据自身情况选择勤工助学方式 2. 勤工助学要求合规合法,增强防范意识,避免受骗,远离刷单等 3. 学思结合,注重在劳动过程中学习与反思
劳动时间	
勤工助学方式	
过程描述	
遇到的困难及解决方式	
本次劳动收获	

※　家庭劳动技能提升

劳动主题	番茄无土栽培
劳动目的	培养热爱农业、节约资源、勤于思考、勇于创新的职业素养，形成严谨的工作态度和扎实的工作作风
劳动内容与要求	1. 提前了解无土栽培相关知识 2. 独立完成无土栽培相关工作 3. 实现产量高、品质优、绿色环保等目标
劳动时间	
材料准备	
技术说明	
种植过程详解	
成果分享	
遇到的困难及解决方式	
本次劳动收获	

传承与拓展

※ 诗词临摹

下泾县陵阳溪至涩滩

[唐] 李白

涩滩鸣嘈嘈，两山足猿猱。

白波若卷雪，侧足不容舠。

渔子与舟人，撑折万张篙。

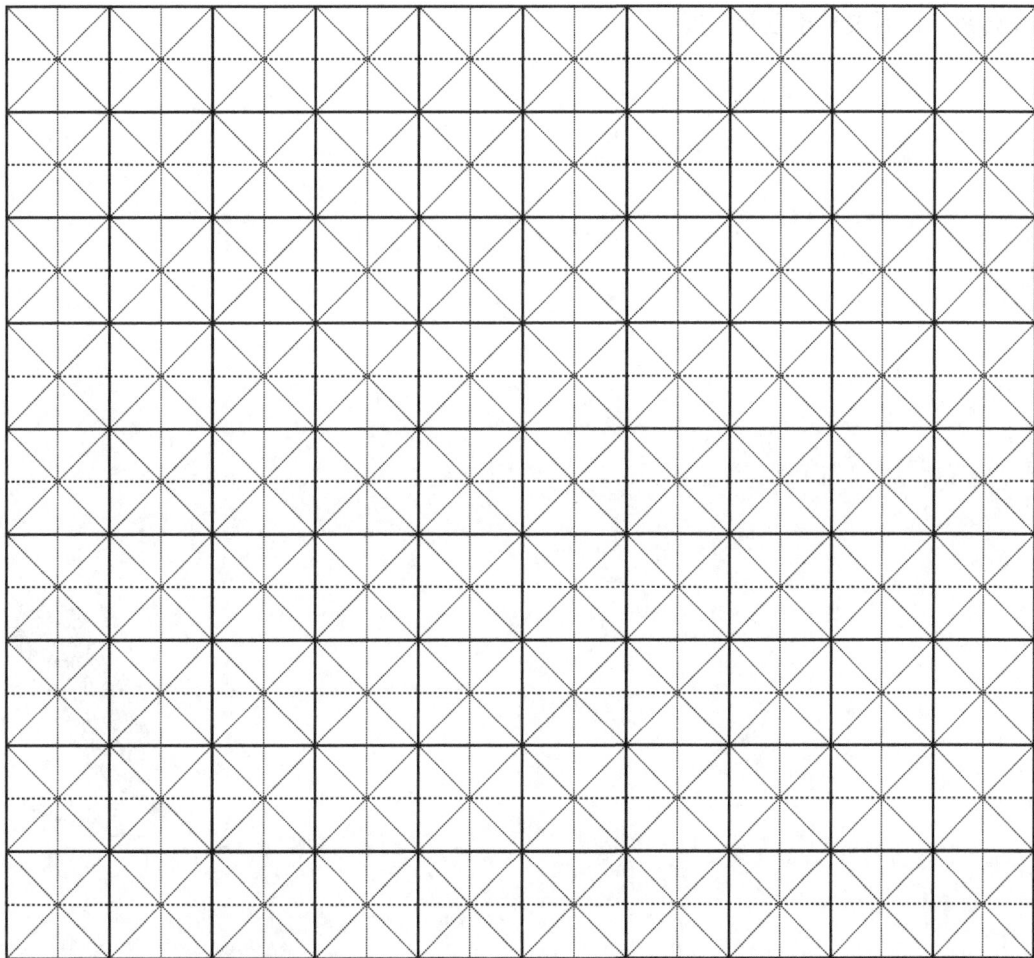

※　拓展探析

这首诗篇幅短小，艺术表现手法丰富，采用了绘画中的写意手法，于大处落墨，刻画深远意境；用夸张描写的方法，利用声音，惟妙惟肖地渲染出泾县陵阳溪至涩滩峡深水急、惊心动魄的恶劣环境，最大限度地烘托出主体画面。最后两句用夸张的手法进行人物特写，突出了全诗的主旨，表达了渔人撑篙行船的艰辛，反映了渔人危险、艰难、辛酸的生活，从而展现了劳动人民不畏艰难困苦、奋发向上、勇于战胜困难的斗争精神。

※　成长启示

艰难困苦，玉汝于成。当代大学生要保持艰苦奋斗的精神，以势如破竹的气势、不屈不挠的恒心、战胜困难的意志，迎难而上。要做到内心不浮躁，以平和的心态面对生活、面对困难。新形势下弘扬艰苦奋斗精神，不仅要艰苦，而且要奋斗；不仅要继承优良传统，而且要勇于创新发展。

复盘与反思

复盘与反思项目	成长收获	劳动教育成效自评		
		优秀	良好	合格
道德品行				
知识技能				
身体机能				
审美能力				
劳动素养				
其他方面（如思维能力、自理能力、意志力等）				
复盘与反思结论				
小组评价	组长签字：　　　　　日期：			
教师评价	教师签字：　　　　　日期：			

第四节　勇　于　创　新

> 我国工人阶级和广大劳动群众要大力弘扬劳模精神、劳动精神、工匠精神，适应当今世界科技革命和产业变革的需要，勤学苦练、深入钻研，勇于创新、敢为人先，不断提高技术技能水平，为推动高质量发展、实施制造强国战略、全面建设社会主义现代化国家贡献智慧和力量。
>
> ——2022 年 4 月 27 日习近平致首届大国工匠创新交流大会的贺信

知识与能力

勇于创新是指在工作中敢于打破固有的思维束缚，探索工作中的新规律和新方法，解决工作中遇到的新问题，不断提高工作效率。

创新是以新思维、新发明和新描述为特征的一种概念化过程，有三层含义：①更新，包括对现有生产资料和生产方式的重新组合；②创造新的东西，如青蒿素、微信平台等；③改变，如体制机制与机构改革等。创新是一个民族进步的灵魂，是一个国家兴旺发达的不竭动力，也是中华民族最深沉的民族禀赋。

当今这样一个飞速发展的时代，勇于创新尤为重要。市场是无情的，竞争是残酷的，只有勇于创新，个人才能体现价值，企业才能获得优势，国家才能繁荣富强。

习近平总书记指出："建成社会主义现代化强国，实现中华民族伟大复兴，是一场接力跑，我们要一棒接着一棒跑下去，每一代人都要为下一代人跑出一个好成绩。"回首新中国走过的几十年，劳模精神体现了伟大民族与时俱进、勇于创新的精神风貌。勇于创新是新时期赋予劳动者的新内涵，体现了与时俱进的时代精神。伟大事业始于梦想、基于创新、成于实干。只有每一个人做好自己，突破自己，勇于创新，才能让民族进步，才能为国家的发展提供不竭的动力。

故事与案例

"全国劳动模范" 岳丽华

岳丽华，2007 年毕业于河北科技大学环境工程专业，是承德宇航人高山植物应用技术有限责任公司技术质量部经理。开启岳丽华的成长履历，呈现给我们的是一串串闪光的足迹，是不断创新发展的奋斗历程。截至 2022 年，岳丽华研究出新技术、新工艺 17 项，开发出沙棘新产品 6 种；获得国家授权的发明专利 4 项；获得河北省科技成果 8 项、河北省承德市科技成果 3 项；先后获得"全国五一劳动奖章""全国青年岗位能手""全国劳动模范"等荣誉称号，2022 年光荣当选中国共产党第二十次全国代表大会代表。

在岳丽华大学毕业回到家乡在承德宇航人高山植物应用技术有限责任公司做技术员的时候，沙棘产品才刚刚起步，公司既没有过硬的产品，更没有稳定的销路，发展可谓是举步维艰。为了让家乡的这一颗颗小黄果变成"金豆豆"，岳丽华每天都在研究，每天与复杂的数据和轰鸣的机器为伴，经过 3 年的不间断实验，她终于研究成功了分离提取沙棘果油和沙棘果酸的技术，填补了沙棘产业在这个技术领域的空白，也使公司的发展进入了新的阶段。创新是企业的生命，是企业发展的动力，在不断的技术创新中，由她负责研发的沙棘果汁饮料、沙棘浓缩汁等产品逐渐受到市场认可和消费者的青睐，2022 年已累计实现销售收入 5 亿多元。

岳丽华带领公司研发团队，将研究改良的优质高产大果沙棘等新品种种苗向周边农民推广。她首先带动亲戚朋友示范试验，邀请一开始并不接受的农户参观学习，向他们传授种植、采摘技术。截至 2022 年，示范种植优质高产大果沙棘种苗已达 5 万多亩，带动 2 万多户农民增收。

唯改革者进，唯创新者强。岳丽华用她的创新精神将小沙棘变成了绿色健康的、充满发展前景的大产业，激发了一个企业甚至整个行业发展的生机和活力，带领越来越多的群众走向富足的幸福之路。

（资料来源：根据网络资料整理。）

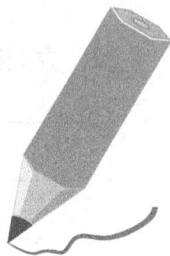

感悟与行动

※　学习感受

_____

_____

_____

_____

※　阅读收获

_____

_____

_____

_____

※　未来计划

_____

_____

_____

_____

※　立刻行动

_____

_____

_____

_____

劳动与实践

※　学校劳动实践

劳动主题	我的创业计划书
劳动目的	结合本专业或行业发展，培养创新精神与创业能力
劳动方式	小组劳动，每组 5～6 人
小组成员	
项目名称	
项目简介	
产品或服务创新点	
行业背景与市场现状（如市场现有产品情况、竞争分析、需求分析、发展展望等）	
产品介绍（如产品优势、核心价值、技术说明等）	
商业模式（如运营策略、营销计划等）	
财务分析	
本次劳动收获	

※　社会劳动体验

劳动主题	了解身边人的创业故事
劳动目的	寻找身边的创业典型，了解其创业过程，挖掘其创业精神，强化创业意识，增长实践本领，培养克服困难、勇于创新的精神和能力
劳动内容与要求	1. 确定身边自主创业人员 2. 制定具体访谈大纲 3. 现场参观总结
劳动时间	
创业领域	
访谈大纲	
创业过程	
本次劳动收获	

※ 家庭劳动技能提升

劳动主题	学做一种小吃
劳动目的	中国小吃文化博大精深，小吃有大艺，原材料精选、加工精细、外观精美、口味独到。通过学习制作一种小吃，提高细致耐心、精益求精的劳动态度，增强动手能力
劳动内容	学习制作一款小吃，如北京芝麻烧饼、天津煎饼果子、长沙臭豆腐、四川酸辣粉、东北烤冷面等，鼓励进行优化创新
劳动注意事项	1. 食材新鲜，符合国家卫生标准 2. 营养搭配均衡 3. 注意劳动工具的安全使用
劳动时间	
小吃名称	
小吃文化简介	
所需原材料	
单件成本	
制作过程	
成品展示	
口味介绍	
本次劳动收获	

传承与拓展

※ 诗词临摹

柜田

[元] 王祯

江边有田以柜称，四起封围皆力成。有时卷地风涛生，外御冲荡如严城。

大至连顷或百亩，内少塍埂殊宽平。牛犁展用易为力，不妨陆耕与水耕。

长弹一引彻两际，秧垄依约无斜横。旁置湥穴供吐纳，水旱不得为亏盈。

素号常熟有定数，寄收粒食犹困京。庸田有例召民佃，三年税额方全征。

便当从此事修筑，永护稼地非徒名。吾生口腹有成计，终焉愿作江乡氓。

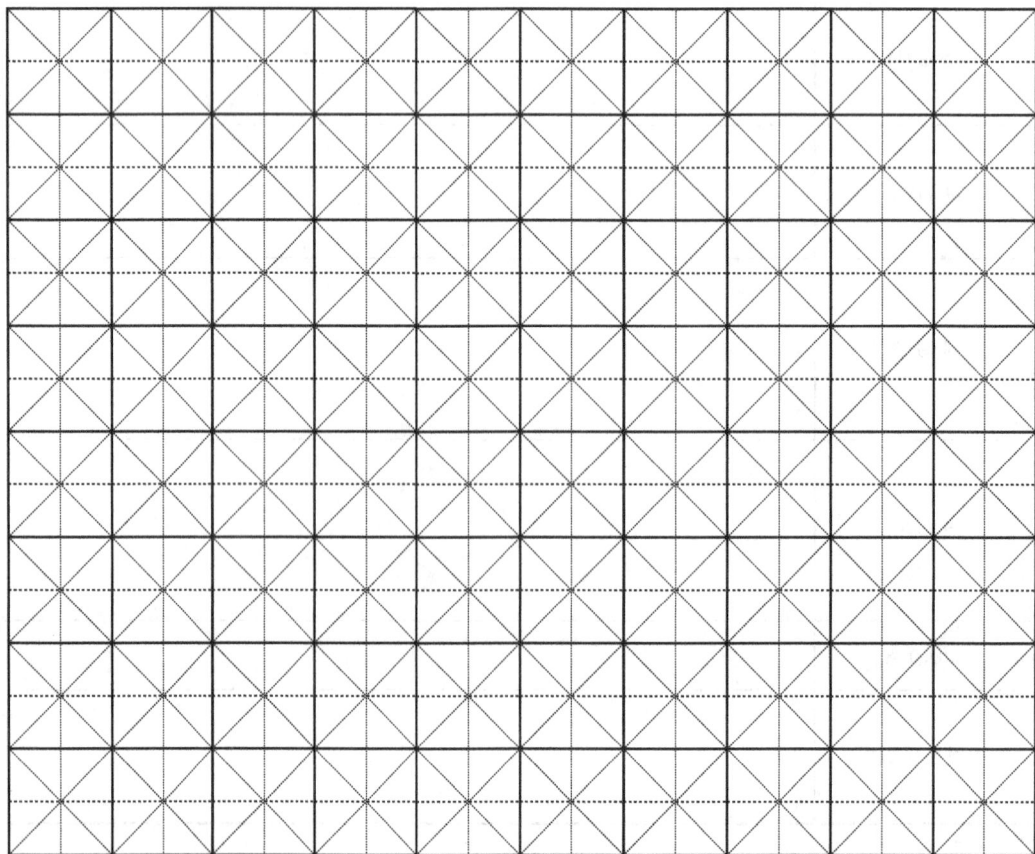

※　拓展探析

　　这首诗用朴实的语言详尽地叙述了柜田的建造、耕种及其防旱防涝、高产稳产的巨大优越性。作者希望统治者不要改变佃庸田的规定，应鼓励农民大量修筑和耕种柜田，使农业生产获得发展。这首诗记录了劳动者在农业生产方面的探索和努力，既体现了古代劳动人民敢于打破固有思维束缚、勇于作出改变的创新精神，又有助于后世人了解和认识古代耕作技术。

※　成长启示

　　对于大学生来说，创新也许不仅仅停留在思想层面，更可能是一种敢于拼搏的勇气和态度，也可能是一种大胆的尝试，抑或是一种对未知的探索，甚至是敢"闯"的气势。大学生要敢闯会创，以创新创业实践勇担时代重任，在创新创业中增长智慧才干，用青春书写无愧于时代、无愧于历史的华彩篇章。

复盘与反思

复盘与反思项目	成长收获	劳动教育成效自评		
		优秀	良好	合格
道德品行				
知识技能				
身体机能				
审美能力				
劳动素养				
其他方面（如思维能力、自理能力、意志力等）				
复盘与反思结论				
小组评价	组长签字：　　　　　日期：			
教师评价	教师签字：　　　　　日期：			

第五节 淡泊名利

我们要在全社会大力弘扬劳动精神，提倡通过诚实劳动来实现人生的梦想、改变自己的命运，反对一切不劳而获、投机取巧、贪图享乐的思想。

——2016 年 4 月 26 日习近平在知识分子、劳动模范、青年代表座谈会上的讲话

知识与能力

淡泊名利是指要正确对待名与利。淡泊名利，不是说让我们不追求名利、不担当、不作为，而是让我们在努力工作、追求嘉奖和荣誉的同时，做到功成不必在我，但功成必定有我。功成不必在我是一种精神境界，建功立业并不是容易的事，不是仅靠个人的力量就能完成的，而是需要大家的共同努力与进步。功成必定有我是一种担当，在团体为了荣誉而努力时，自己也应更加努力，只有个人迈出了进步的一小步，集体才能聚力往前走。

淡泊名利是一种学会控制自我的人生智慧。淡泊并不是力不能及的无奈，也不是心满意足的自赏，更不是碌碌无为的哀叹，淡泊是实实在在地对待一切，豁达客观地看待一切。

人生要奋斗，要有自律精神，要拒绝诱惑。坚持走自己的路，做最好的自己，有了这个信念，追求自己的理想时，才不会被物欲所迷惑。

故事与案例

"杂交水稻之父"袁隆平

2004 年"感动中国"给袁隆平的颁奖词这样说:"他是一位真正的耕耘者。当他还是一个乡村教师的时候,已经具有颠覆世界权威的胆识;当他名满天下的时候,却仍然只是专注于田畴。淡泊名利,一介农夫,播撒智慧,收获富足。他毕生的梦想,就是让所有人远离饥饿。喜看稻菽千重浪,最是风流袁隆平。"

挨饿,曾是最深最痛的民族记忆。新中国成立前,少年袁隆平因路遇饿殍而立志学农。"让所有人远离饥饿"——一个在当时看起来遥不可及的梦想,让袁隆平开始了一生的追逐和奋斗。1949 年 8 月,19 岁的袁隆平高中毕业后毅然决定回重庆去读农学院。1953 年,他从西南农学院遗传育种专业毕业后来到湖南安江农校任教。1960 年一个寻常的课后,他发现早稻试验田中有一棵"鹤立鸡群"的稻株,一株足有 10 多穗,一穗上有籽粒 200 多粒。他如获至宝,把这一株的好籽当作第二年的稻种,然而却没有得到期望的效果。他带着学生举着放大镜,一垄垄、一株株地研究,用上千个水稻品种进行了 3000 多次试验,直到 1970 年才打开杂交水稻研究的突破口。1973 年在全国水稻科研会上,袁隆平正式宣告中国籼型杂交水稻"三系"配套成功。

对袁隆平来说,下田就像一日三餐一样平常。为了缩短杂交水稻的育种周期,几十年来,袁隆平师徒几人背着干粮在云南、海南和广东等地辗转研究。他不断突破杂交水稻的科学难题,屡破超级稻单产 700 公斤、800 公斤、1000 公斤、1149 公斤等世界纪录,更是解决了盐碱地种植水稻的难题。

袁隆平以农民自居,生活也朴素得跟农民一样。就是这样一个皮肤黝黑、身材瘦小的老人能够敢为人先为全世界造福。他以一粒种子改变世界,维护全世界粮食安全,为人类铺垫安稳生活的基石。在他功成名就之后,他魂牵梦萦的依然是粮食问题。2019 年 9 月 17 日,袁隆平被授予"共和国勋章",当天他还在试验田里查看杂交水稻的生长情况。即使身处重病之中,他依然每天都会询问医务人员:"天晴还是下雨?今天多少度?"他叮嘱学生们要把杂交水稻事业发展好,这是一位科学家的本色——爱国为民、刻苦钻研、全心奉献。直到生命的最后一刻,袁隆平仍在为粮仓丰盈而鞠躬尽瘁。

(资料来源:根据网络资料整理。)

感悟与行动

※ 学习感受

_____

_____

_____

_____

※ 阅读收获

_____

_____

_____

_____

_____

※ 未来计划

_____

_____

_____

_____

_____

※ 立刻行动

_____

_____

_____

_____

_____

劳动与实践

※ 学校劳动实践

劳动主题	月度生活费"瘦身"挑战
劳动目的	合理压缩生活费，养成勤俭节约的良好习惯
劳动内容与要求	1. 依据本人实际情况，制定目标及行动计划 2. 反思日常是否存在铺张浪费情况，合理压缩生活支出的 10%～20% 3. 总结理财心得，形成书面总结并养成厉行节约、反对浪费的习惯
上月支出总额	
上月非必要支出情况	
节约目标与行动计划	

本月支出记录	日期	支出记录	日期	支出记录	日期	支出记录
	1		12		23	
	2		13		24	
	3		14		25	
	4		15		26	
	5		16		27	
	6		17		28	
	7		18		29	
	8		19		30	
	9		20		31	
	10		21			
	11		22			

本次劳动收获	

※　社会劳动体验

劳动主题	文明法治宣传活动
劳动目的	向社会公众宣传普及预防电信诈骗、健康生活方式等内容，提升人民群众的认知水平，同时在宣传宣讲中学习和历练
劳动内容与要求	1.注意宣讲内容的科学性和准确性 2.使用公众喜闻乐见和易于接受的方式 3.可依托专业志愿者团队或网站开展活动
劳动地点	
劳动时间	
劳动过程描述	
劳动照片	
遇到的困难及解决方式	
本次劳动收获	

※ 家庭劳动技能提升

劳动主题	变废为宝
劳动目的	树立节约光荣、浪费可耻的观念，养成爱动脑、勤动手、乐享勤俭、朴素务实的良好品质
劳动内容与方式	通过自己的双手和聪明才智，将日常废弃之物改造成可再次利用的生活用品或玩具等
劳动要求	1. 紧扣主题，原材料应为废弃之物 2. 保证作品的创新性、观赏性与实用性，尽量呈现高品质作品 3. 注意安全使用工具
劳动时间	
作品名称	
作品构思	
所需材料	
作品展示	
制作过程	
本次劳动收获	

传承与拓展

※ 诗词临摹

归园田居·其三

[晋] 陶渊明

种豆南山下，草盛豆苗稀。

晨兴理荒秽，带月荷锄归。

道狭草木长，夕露沾我衣。

衣沾不足惜，但使愿无违。

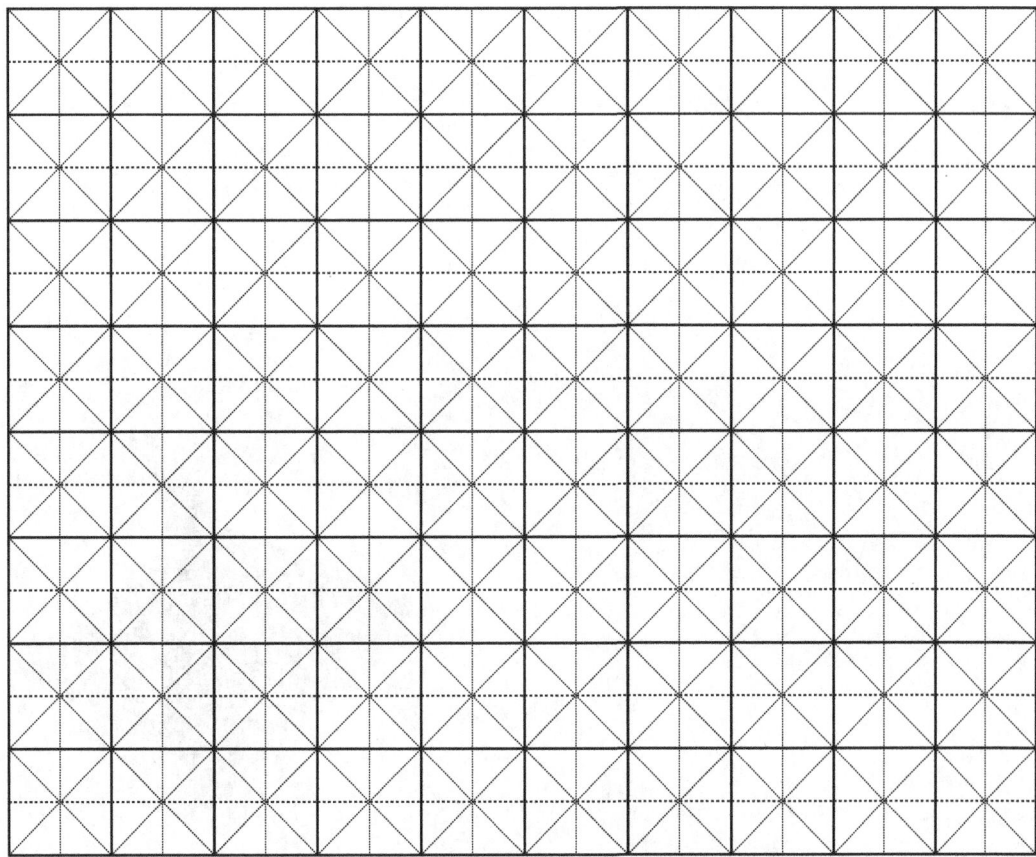

※   拓展探析

这首诗是陶渊明的名作，没有重点刻画和歌颂劳动，而是以八句、四十个字符生动、形象地描写了诗人辞官隐居田园生活后躬耕劳动的场景，描述了他日夜辛勤劳作、躬身垄亩铲锄荒草的景象，写出了从事农业劳动的艰辛和凄苦，但字里行间仍然体现了中华民族自古以来的吃苦耐劳、坚韧不拔的精神，从侧面体现了诗人淡泊名利、勇于追求美好生活的无畏精神，这也赢得无数后世人的赞赏、钦佩和效仿。

※   成长启示

当代大学生要坚持理想，秉持初心，用不懈的努力、不屈服的态度、勇于冲破现实束缚的决心追寻理想。虽然通往理想的道路上，或布满荆棘，或充满诱惑，但再亮的星星也抵不过独一无二的月亮，再美丽的风景，也抵不过理想的闪亮。

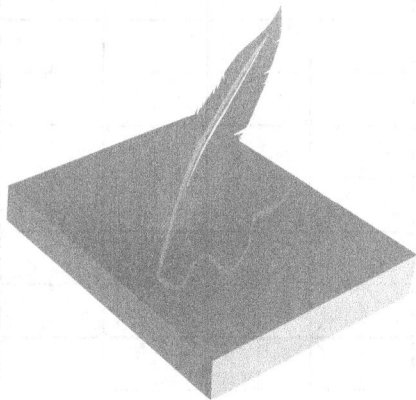

复盘与反思

复盘与反思项目	成长收获	劳动教育成效自评		
		优秀	良好	合格
道德品行				
知识技能				
身体机能				
审美能力				
劳动素养				
其他方面（如思维能力、自理能力、意志力等）				
复盘与反思结论				
小组评价	组长签字：　　　　　日期：			
教师评价	教师签字：　　　　　日期：			

第六节　甘　于　奉　献

> 　　我们要在全社会大力弘扬劳动光荣、知识崇高、人才宝贵、创造伟大的时代新风，促使全体社会成员弘扬劳动精神，推动全社会热爱劳动、投身劳动、爱岗敬业，为改革开放和社会主义现代化建设贡献智慧和力量。
>
> ——2014 年 4 月 30 日习近平在乌鲁木齐接见劳动模范
和先进工作者、先进人物代表时的讲话

知识与能力

　　什么是奉献？奉献是一种不求回报的给予，是一种高尚的情操，也是一种伟大的精神。奉献精神是构成民族脊梁的精神支柱，是中华民族世代自强不息的精神财富。习近平总书记曾寄语广大青年要勇做走在时代前列的奋进者、开拓者、奉献者，让青春在为祖国、为人民、为民族的奉献中焕发出绚丽光彩。

　　"我将无我，不负人民"是新时代中国共产党人奋斗精神的最新表达。甘于奉献是一种美德，更是一种力量。要懂得奉献、甘于奉献，在奉献中实现自我价值，树立"无我"的奉献意识，把"小我"融入"大我"里，舍小家顾大家，不计个人得失，不看重个人名利，为了实现党和人民的伟大事业忘我付出、无私奉献。

　　奉献的强大之处在于它能够促使人们去学习道德规范与道德准则，通过反思自身行为，把道德准则运用到实践中去，并进一步把这种奉献的品质传递给他人。

　　甘于奉献需要不忘初心，更需要砥砺前行。奉献的过程虽然是艰苦的，但也是幸福的。奉献需要消除私心，去为他人着想，即使是素不相识的陌生人。

　　你也许会因为一次奉献而遭到其他人的误解或冷眼相待，也可能会因为一次奉献而耗尽精力、物力与财力……但是，在你甘于奉献自己的爱心给予他人帮助后，却能在精神上变得更富有，这便是甘于奉献的魅力所在。

　　劳动的内涵在更新，劳模的标准在进化，但"爱岗敬业、争创一流、艰苦奋斗、勇于创新、淡泊名利、甘于奉献"始终是劳模精神的核心。

故事与案例

永不熄灭的微火张桂梅

"只要还有一口气，我就要站在讲台上，倾尽全力、奉献所有，九死亦无悔。"这是帮助 1800 多名贫困山区女孩圆梦大学、将全部心血倾注在教育事业上的"燃灯校长"——"全国优秀共产党员"、"全国脱贫攻坚楷模"、"七一勋章"获得者张桂梅在庆祝中国共产党成立 100 周年"七一勋章"颁授仪式上的发言。

张桂梅 18 岁时从黑龙江来到云南支援边疆，后来考取了师范学校，毕业后来到丽江华坪中心中学任教。张桂梅发现，班上总是男生多、女生少，她认为女性如果受教育程度高，在很大程度上能够阻断贫困的代际传递，于是她下定决心创办一所免费的女子高中，帮助山里的女孩子接受良好的教育。为了筹集办学资金，张桂梅把自己获得的所有证书和奖状都打印出来，摆在昆明街头募捐，她经常被误解甚至被骂是骗子，但她并未因此放弃。她为了这个伟大的梦想想尽了办法，努力了五年才筹集到一万元。2007 年，作为十七大代表的张桂梅在北京开会时，将她想要创办女子高中的想法告诉了一名记者，第二天一篇《我有一个梦想》的文章见报并引起轰动，张桂梅也获得了办校的资金。

办学的路是坎坷的，华坪女子高中建校不到半年，教师就流失了一半。最艰难的时候，张桂梅把剩下的 6 名党员教师召集起来，义正词严地说："抗日战争时期，只要阵地还有一个共产党员，阵地就不会丢。今天，我们这么多党员在，还能把这块教育阵地弄丢吗？"随后，教师们在教学楼的墙上画了一面很大的党旗，在面向党旗重温入党誓词时，他们都哭了，她们坚定信念，一定能够把华坪女子高中办好。

10 多年来，张桂梅帮助 2000 多名可能辍学的农村女孩走出了大山，走进了大学校门。她翻山越岭，走过 11 万公里的家访路，一遍又一遍地劝说家长支持孩子读书："上高中我们不收一分钱，上了大学我们也会帮忙。"他们一行人从不在学生家里吃饭，饿了就吃自己带的面包、方便面和矿泉水。在崎岖的家访路上，张桂梅发过高烧，摔断过肋骨，也曾昏倒在路上，但她从不退却。张桂梅每天早上五点准时起床，总是第一个出现在校园里，白天三次巡课，督促学生做操、自习，直到深夜学生都睡了，她才拖着疲惫的身躯，躺倒在宿舍的单人床上。

张桂梅坚持用红色文化立德树人，教育学生吃苦耐劳、自立自强，教育学生铭记党恩，回报社会。如今，华坪女子高中在当地已颇具影响力，一本上线率连续多年保持在 40%以上，高考成绩综合排名位居丽江市第一。那些从大山里走出来的女孩们大学毕业后，很多又选择回到祖国最需要的地方，将张桂梅校长春蚕到死丝方尽、蜡炬成灰泪始干的"燃灯"精神传承下去。

（资料来源：根据网络资料整理。）

感悟与行动

※　学习感受

_____
_____
_____
_____
_____

※　阅读收获

_____
_____
_____
_____
_____

※　未来计划

_____
_____
_____
_____
_____

※　立刻行动

_____
_____
_____
_____
_____

劳动与实践

※ 学校劳动实践

劳动主题	校园落叶清扫与随手拾捡活动
劳动目的	通过校园集体劳动，养成爱校、护校情感，共创共建文明、美丽的校园环境
劳动内容与要求	1. 高质量完成本班分担区的劳动任务 2. 在劳动中体会踏实劳动、团结合作的劳动品质 3. 保持与爱护劳动成果 4. 注意劳动工具的安全使用
劳动时间	
劳动过程记录	
劳动前后对比	
本次劳动收获	

※　社会劳动体验

劳动主题	开展"关爱老人、走近留守儿童"社会实践
劳动目的	在深入社会、体察民情、关爱他人的实践中成长成熟
劳动内容与要求	1. 自行选择服务地点，如敬老院、社区孤寡老人住所、儿童福利院等 2. 注意文明礼貌 3. 可依托专业志愿者团队或网站开展活动
劳动时间	
劳动过程	
劳动瞬间展示	
劳动成果展示	
本次劳动收获	

※ 家庭劳动技能提升

劳动主题	家庭卫生大清扫
劳动目的	帮助父母彻底清洁家庭卫生，通过劳动感恩父母，让自己的居住环境变得明亮、整洁、有序
劳动内容与要求	1．深层彻底清洁，包括被褥拆装与清洗，物品收纳，卫生死角、油烟机、灯具等的清洁 2．由于劳动量大，可分次完成劳动任务 3．注意劳动安全
劳动时间	
劳动计划	
劳动过程记录	
劳动前后对比图1	
劳动前后对比图2	
劳动前后对比图3	
本次劳动收获	

传承与拓展

※　诗词临摹

咏煤炭

[明] 于谦

凿开混沌得乌金，藏蓄阳和意最深。

爝火燃回春浩浩，洪炉照破夜沉沉。

鼎彝元赖生成力，铁石犹存死后心。

但愿苍生俱饱暖，不辞辛苦出山林。

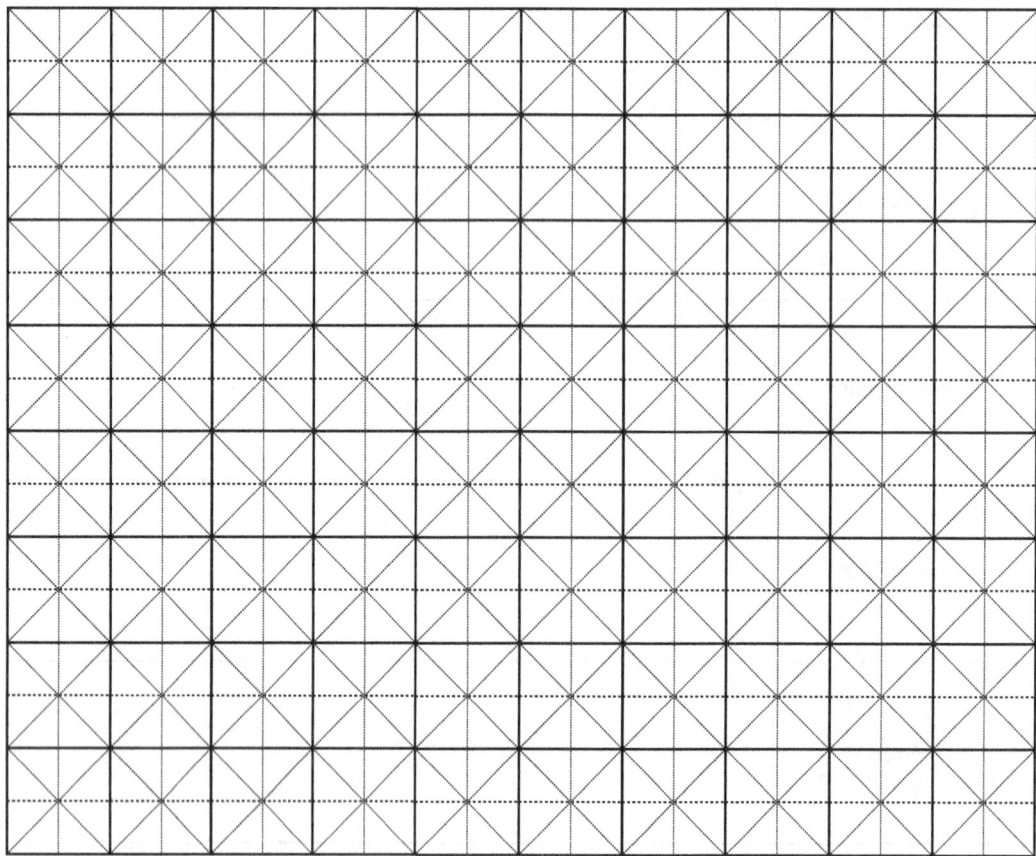

※　拓展探析

　　这首诗用词质朴，毫无藻饰，寓意深远，紧扣煤炭的特点。描写了煤炭的挖掘过程，刻画了煤炭的形象，写尽了它的一生，借物咏志，寄托了诗人为国为民鞠躬尽瘁、死而后已的远大抱负和志向，表达了诗人甘于为百姓献身的自我牺牲精神，展现了诗人的高尚情操。

※　成长启示

　　大学生要甘于奉献，学以砺志。漫漫征途需要一步一步地走，崇高理想的实现需要一点一滴地奋斗。作为肩负时代使命和历史重任的当代大学生，要把时代要求与自己的奋斗实践有机结合，在继承革命先辈甘于奉献的优良传统的同时，用忠诚诠释奉献、用奋斗书写奉献、用淡泊彰显奉献，用自己的热情和力量谱写新时代学子甘于奉献、践行使命担当的青春之歌，在"真刀真枪"的奉献实干中成就一番事业。

复盘与反思

复盘与反思项目	成长收获	劳动教育成效自评		
		优秀	良好	合格
道德品行				
知识技能				
身体机能				
审美能力				
劳动素养				
其他方面（如思维能力、自理能力、意志力等）				
复盘与反思结论				
小组评价	组长签字：　　　　日期：			
教师评价	教师签字：　　　　日期：			

第三章

工匠精神

　　"执着专注、精益求精、一丝不苟、追求卓越"的工匠精神是以爱国主义为核心的民族精神和以改革创新为核心的时代精神的生动体现，是鼓舞全党全国各族人民风雨无阻、勇敢前进的强大精神动力。执着专注是时间上的坚持和精神上的聚焦；精益求精是质量上的完美和技术上的极致；一丝不苟是细节上的坚守和态度上的严谨；追求卓越是理想和信念上的远大。培养高素质技能人才队伍，建成制造强国，实现创新驱动发展战略，凝聚全社会奋斗力量，离不开新时代工匠精神。

　　通过脑力劳动和体力劳动创造出劳动产品是工匠们的主要工作内容，执着专注和一丝不苟的敬业态度是对工匠们的基本要求。劳动产品既可以体现工匠们的意志和情感，又可以体现工匠们的水平和能力。身心投入的良好状态、心无旁骛的高度专注是工匠们输出一件件精品的武器。

　　精益求精、追求卓越是创新。娴熟的技艺和完美的作品是工匠们精益求精、追求卓越的展现和成果，不断创新改进技术是工匠们永恒的追求。精益求精离不开用心、细心、专心，追求卓越离不开高超的技艺、优良的品质。符合标准是基础，追求卓越是提升。只有不断提升标准线，不断优化技艺，认真对待每一件劳动产品，才能造就卓越的品质。

　　科技兴则民族兴，科技强则国家强。培养工匠精神有助于大学生的个人成长和道德指引；践行工匠精神有助于当代大学生更好地实现自身价值，培养自身道德素质；落实工匠精神有助于社会进步，更好地践行社会主义核心价值观。对于即将步入社会的大学生群体而言，拥有工匠精神是个人的信仰，是对民族的负责，是具有坚定理想、执着信念的具体体现。

第一节　执 着 专 注

历史赋予工人阶级和广大劳动群众伟大而艰巨的使命，时代召唤工人阶级和广大劳动群众谱写壮丽而崭新的篇章。我国工人阶级和广大劳动群众一定要以国家主人翁姿态，积极投身经济社会发展的火热实践，为共同创造我们的幸福生活和美好未来作出新的贡献。

——2015 年 4 月 28 日习近平在庆祝"五一"国际劳动节暨表彰全国劳动模范

和先进工作者大会上的讲话

知识与能力

执着专注是工匠们锲而不舍、心无旁骛、倾情投入的精神体现。匠人易得，匠心难练。只有不会被外在客观事物所影响，才能够将涉及的方方面面努力做好，保证将事情做到最佳状态，最大限度地发挥积极性、主动性、创造性。努力实现既定目标，是内心笃定而着眼于细节的耐心、执着、坚持的精神，这是一切大国工匠所必须具备的精神特质。在浮华喧嚣的环境下，执着专注往往体现为一种定力、自制力、免疫力乃至挫折承受力。

锲而不舍是一种精神、一种信念，是新时代年轻人所要具备的最根本的素养与能力。在工作中会遇到各种各样的问题，要想不打折扣地开展工作，就要发挥锲而不舍的信念，把有限的生命和精力投入到既定的目标中，坚忍不拔，这样才有机会达到自己的目标。

"择一事，终一生"，执着专注是对劳动的坚守和热爱。只有将自己有限的精力专注到所从事的行业，干一行、爱一行、钻一行，日积月累方能成就伟业。

📓 故事与案例

焊接行业领军人艾爱国

艾爱国，湖南华菱湘潭钢铁有限公司（以下简称湘钢）焊接顾问，第七届全国人大代表，党的十五大、二十大代表，"七一勋章"获得者。

艾爱国是爱岗敬业的榜样，几十年如一日，以"当工人就要当好工人"为座右铭，在普通的岗位上勤奋学习、忘我工作，为党和人民作出了重要贡献。从进厂那天起，艾爱国就白天认真学艺，晚上刻苦学习专业书籍，长期勤学苦练，系统地阅读了《焊接工艺学》《现代焊接新技术》等100多本科技书籍，掌握了较扎实的专业理论知识，练就了一手过硬的绝活。

1982年，艾爱国以优异成绩取得气焊、电焊双合格证书，成为全市第一个获得焊接双合格证书者。此后，他更是带头进行生产技术攻关，克服一个又一个难关，创造了一个又一个奇迹。

1983年，当时的冶金工业部组织全国多家钢铁企业联合研制新型贯流式高炉风口。如何将风口的锻造紫铜与铸造紫铜牢固地焊接在一起，成为项目的最大难关。当时国内还没有成功先例，艾爱国主动请求一试。他大胆地提出采用尚未普及的氩弧焊工艺进行焊接攻关，并担任主焊手。经过整整5个月的努力，他所焊的21个风口全部符合国家技术标准。艾爱国因在这次攻关中表现突出，荣获国家科技进步二等奖。

1985年，艾爱国带领17名焊工成功焊接了从德国引进的一台制氧机所有管道的焊缝，受到德国专家的极力称赞。

1987年，艾爱国应首钢之邀采取"双人双面焊"新工艺，为该公司解决了安装特大型氧机的焊接难题，被首钢人称为"钢铁缝纫大师"。

2008年，湘钢成立了焊接工作室，之后又挂上了"艾爱国大师工作室"的牌子，艾爱国从计算机开机和打字学起，很快掌握了计算机制图的方法。如今70多岁的他学会了用计算机制作幻灯片、画工艺图。他也常利用业余时间将自己的知识技能编著成书，如《最新锅炉压力容器焊工培训教材》《焊接技术及自动化》等，随身携带各类专业图书送给徒弟，指导学习。

如今，在焊工领域深耕半个多世纪的艾爱国依然坚守生产科研一线，带过不下600名徒弟。他们当中，不少人早已获得"全国五一劳动奖章""湖南省劳动模范"等多项荣誉，还有不少徒弟学成后，在国内各个大型企业工作，成为焊接班组的骨干力量。

（资料来源：根据网络资料整理。）

感悟与行动

※　学习感受

_____

_____

_____

_____

_____

※　阅读收获

_____

_____

_____

_____

_____

※　未来计划

_____

_____

_____

_____

_____

※　立刻行动

_____

_____

_____

_____

_____

劳动与实践

※ 学校劳动实践

劳动主题	制作一份求职简历
劳动目的	学习简历的制作方法，精心制作一份求职简历，通过简历展现更好的自己，为将来求职做好充分的准备
劳动内容与要求	1. 简历格式标准美观，版面清晰 2. 内容真实，表述精练 3. 小组交流并进行面试模拟
劳动时间	
个人简历 （可另附）	
小组交流与面试模拟 过程描述	
本次劳动收获	

※　社会劳动体验

劳动主题	寻访匠师，完成手工作品
劳动目的	几千年来从事技艺劳动的各种工匠，以技艺为立身之本，丰富了灿烂的中华文化，促进了生产技艺水平的提升，推动了社会经济发展。通过寻访匠师，学习他们身上执着专注、锲而不舍的精神品质
劳动内容与方式	分小组劳动，每组2~3人，寻找传统技艺人，如木匠、铁匠、鞋匠、剪纸大师等，跟匠师学习完成一件作品
劳动时间	
匠师简介	
作品制作过程简介	
成果展示	
本次劳动收获	

※　家庭劳动技能提升

劳动主题	制作手工创意拖鞋
劳动目的	通过手工制作磨炼心性，提高艺术修养和动手能力
劳动内容与要求	1. 自选拖鞋制作方式，可以是针线编织，也可以是布艺拼接等 2. 款式美观，制作精巧 3. 制作过程中要求专注耐心
劳动时间	
构思简介	
过程记录	
成果展示	
本次劳动收获	

传承与拓展

※ 诗词临摹

劝学（节选）

[战国] 荀子

积土成山，风雨兴焉；

积水成渊，蛟龙生焉；

积善成德，而神明自得，圣心备焉。

故不积跬步，无以至千里；

不积小流，无以成江海。

骐骥一跃，不能十步；

驽马十驾，功在不舍。

锲而舍之，朽木不折；

锲而不舍，金石可镂。

蚓无爪牙之利，筋骨之强，上食埃土，下饮黄泉，用心一也。

蟹六跪而二螯，非蛇鳝之穴无可寄托者，用心躁也。

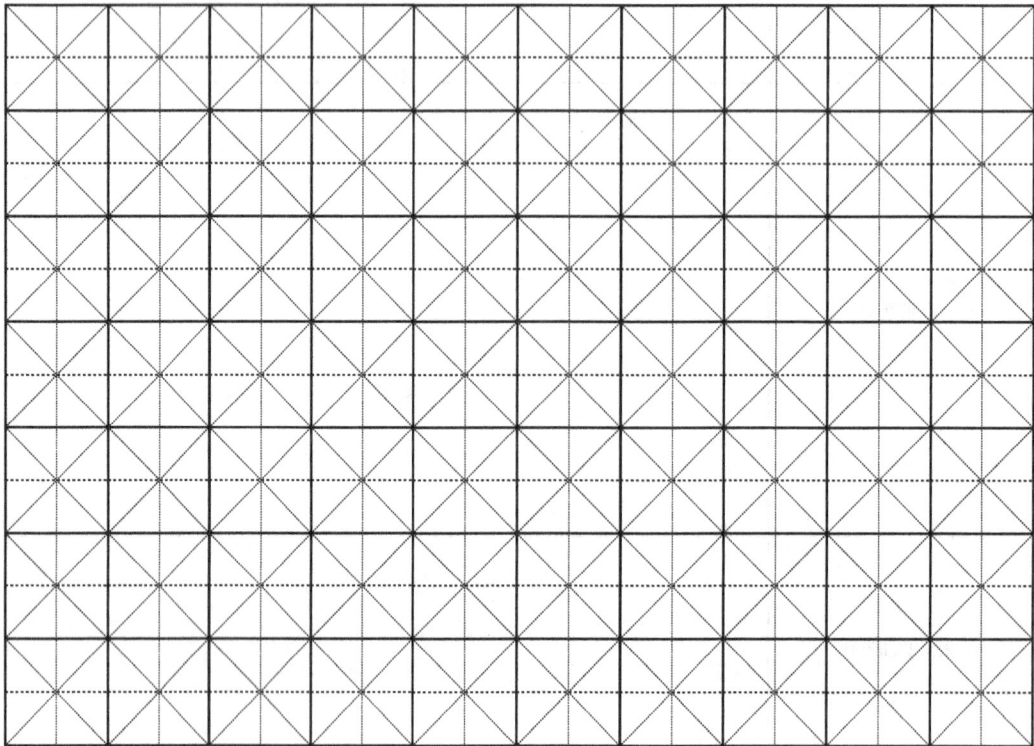

※ 拓展探析

这是一篇非常优秀的古代教育文。从行文上看,全文句式整齐,长短句并用,对偶排比句中又恰如其分地夹进散句,文气流畅而不呆滞,错落有致;从表达手法上看,全文层层比喻,辞采缤纷,精练有味,形象生动地将要表达的道理展现出来。全文主要表达了学习必须专心致志、锲而不舍、持之以恒,不能粗心浮气,要专注执着、不断积累的深刻道理。

※ 成长启示

大学生无论是在学习、生活还是在未来的工作中,都要专心致志、心无旁骛地专注于所做的事情。简单的事情精细做,能成为专家;重复的事情用心做,就能成为赢家。

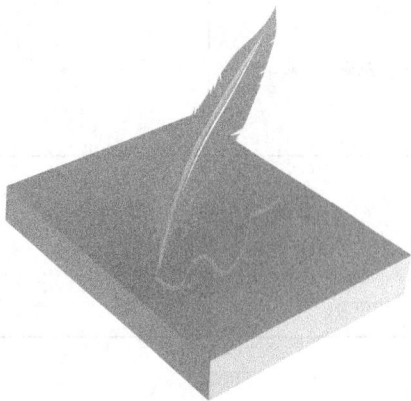

复盘与反思

复盘与反思项目	成长收获	劳动教育成效自评		
		优秀	良好	合格
道德品行				
知识技能				
身体机能				
审美能力				
劳动素养				
其他方面（如思维能力、自理能力、意志力等）				
复盘与反思结论				
小组评价	组长签字：　　　　日期：			
教师评价	教师签字：　　　　日期：			

第二节 精 益 求 精

统筹推动文明培育、文明实践、文明创建，推进城乡精神文明建设融合发展，在全社会弘扬劳动精神、奋斗精神、奉献精神、创造精神、勤俭节约精神，培育时代新风新貌。

——2022 年 10 月 16 日习近平在中国共产党第二十次全国代表大会上的报告

知识与能力

精益求精是品质追求，是质量上的完美、技术上极致的体现，是工匠们千锤百炼、精雕细琢、力求完美的精神体现，是工匠精神最让人称赞之处。具备工匠精神的人，对任何工作品质都有不懈追求，小到一支钢笔，大到一架飞机，每一个零件、每一道工序、每一次组装，都以严谨的态度，规范地完成好每一道程序。对待工作，不仅要做好，而且要做到更好，一直都走在向更高峰攀登的路上。

精益求精是工匠精神的主要内涵，是指具有工匠精神之人心无旁骛、全神贯注，专注于自身热爱的工作，执着于技艺的改进。

精益求精的价值诉求理念，其背后蕴含的是对产品细节极致完美的追求，彰显的是一种永不满足、不断超越的职业文明和创新精神。

精益求精的工匠精神生动体现在工匠们以近乎严苛的标准严格要求自己，不急功近利，不贪图名利，不断改进产品的工艺，雕琢自己的产品。在新一轮科技革命和产业变革中，工匠们更要不断提高技术技能水平，使工匠精神在提质增效主战场上闪耀光辉，让"精耕细作"焕发出新的时代风采。

想要精益求精，应做到以下几点。首先必须树立目标，如果不树立目标，则很难走得很远。其次，要有认真的态度和良好的心态，仔细做好每一件事，从小事做起，不忽略任何细节，任何时刻都要全力以赴。最后，自身要有较强的能力或本领，能够使树立的目标付诸实践，否则就会沦为纸上谈兵。

大礼不辞小让，细节决定成败。作为现代技能型人才的大学生，除了要掌握相关技术、技能的知识外，还要将精益求精的工匠精神融入日常生活中，并且做好个人职业发展规划，制定合理的发展目标，这样才能持续成长。

📓 故事与案例

"大国工匠"周建民

周建民，中国兵器工业集团淮海工业集团有限公司（以下简称淮海工业集团）十四分厂钳工，党的十八大代表、十九大代表，曾获评"全国劳动模范""国家级技能大师""中国兵器首席技师""兵器大工匠""中国兵器最美兵工人"，曾荣获"中华技能大奖""国家技能人才培育突出贡献奖""第二届中国质量奖先进个人提名奖"。

周建民从业30多年来，始终坚持共产主义信念，忠诚于人民兵工事业，模范执行党的路线方针，被誉为"大国工匠"。他用自己的智慧和汗水，先后为中国国防事业和军民融合事业解决了1100余项难题，累计为企业节创价值3300余万元，为国家和兵器事业培育了一大批高技能人才，受到了区域内、行业内和系统内的高度肯定。

1993年，我国国家成功引进第一个激光驾束炮射武器系统，却面临着工艺图纸不全、国内专用和非标设备欠缺、原材料全部需国产化的困难局面，每个零部件的质量如何判定成为摆在企业面前的首要难题。

周建民作为一名钳工高级技师，接到任务后，对图纸进行反复分析和梳理，夜以继日地摸索、试制和检测，记录数据，不断调整位置精度，最终绘制出符合产品性能要求的工艺图纸。为保证零件精度，周建民创新总结出"冷热配合法""反向研磨法""三要诀加工法""同一中心打表勾表法""基准转换法"等一系列新型工艺操作方法，最终成功试制出包括导弹全型规在内的2000余项专用量规，保证了该项目国产化的定型，开创了我国火炮发射精确制导、先敌发射、高效毁伤的智能化弹药研制生产先河。

周建民坚持将自己摸索出来的技能写下来、留下来、传下来。"单丝不成线，孤木不成林"，他的理想是把自己的技艺传承下去，为企业培养更多高素质技能人才。他认为只有为祖国培养出更多的技能人才，才能助力我国从制造大国转变成为制造强国。他还无私地把自己归纳总结出的先进操作法编写成册，发给每一个徒弟。

周建民是山西省第一个国家级技能大师工作室的带头人。在他的带领下，淮海工业集团先后涌现出"杨兴隆国家级技能大师工作室""刘波国家级技能大师工作室"等多个技能大师工作室，还成立了山西省第一家大师工作室联盟。他培养出的徒弟已成为全国技术能手、高级技师……如今，他的徒弟也开始带徒弟，工匠精神得以薪火相传。

（资料来源：根据网络资料整理。）

感悟与行动

※ 学习感受

_____

_____

_____

_____

_____

※ 阅读收获

_____

_____

_____

_____

_____

※ 未来计划

_____

_____

_____

_____

_____

※ 立刻行动

_____

_____

_____

_____

_____

劳动与实践

※　学校劳动实践

劳动主题	完成一项活动策划
劳动目的	通过活动策划与讲解，提高组织协调、沟通演讲等综合能力
劳动内容与要求	1．自选活动策划内容，如婚庆策划、新店开业策划、促销活动策划等 2．要求可操作性强，有一定创新思维 3．小组劳动，每组 3~5 人 4．同时需制作 PPT，在小组内与同学分享，相互借鉴学习
劳动时间	
策划主题	
策划简介	
整体构思	
不足与改进方式	
本次劳动收获	

※ 社会劳动体验

劳动主题	安全隐患早发现
劳动目的	提升责任意识，了解社会、奉献社会，增强社会责任感
劳动内容与要求	1. 走访、观察，寻找社区等地可能存在的安全隐患，予以解决或及时反映给相关部门 2. 注意安全
劳动时间	
排查范围与对象	
过程描述	
发现的问题及解决方式	
本次劳动收获	

※　家庭劳动技能提升

劳动主题	编织围巾
劳动目的	提升动手能力和自我服务能力，培养执着专注、精益求精的工匠精神
劳动内容与要求	1. 自选编织款式 2. 颜色搭配符合审美习惯，材质舒适保暖 3. 可根据自身时间与能力，搭配编织帽子、手套等 4. 鼓励将编织过程与成果编辑成短视频上传至短视频平台
劳动时间	
整体构思	
针法介绍	
编织过程（可附图）	
成果展示与上身效果	
本次劳动收获	

传承与拓展

※ 诗词临摹

赠昊十九

[明] 李日华

为觅丹砂斗市廛，松声云影自壶天。

凭君点出流霞盏，去泛兰亭九曲泉。

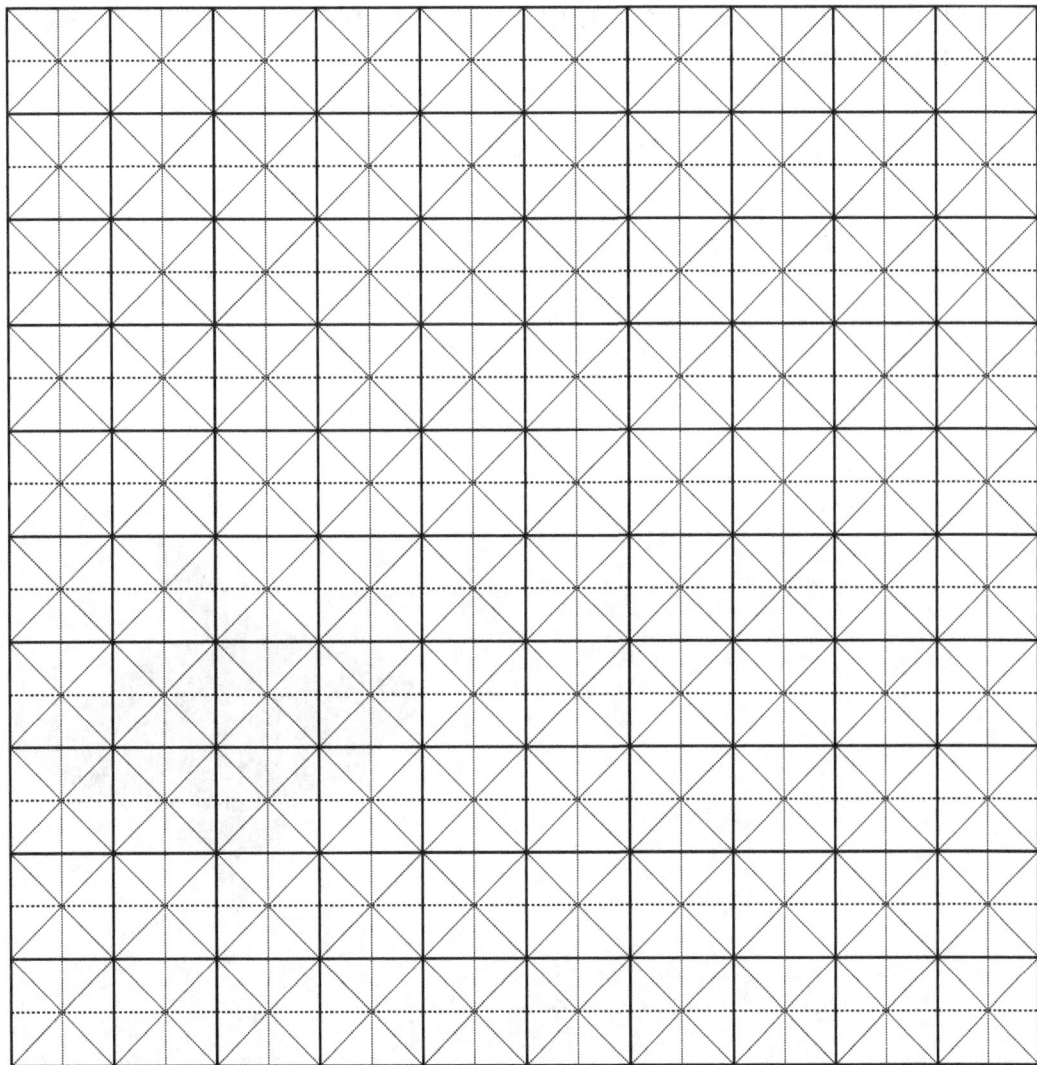

※　拓展探析

昊十九是我国古代制瓷名家，出生于明嘉靖前期，卒于万历后期。他毕生致力于陶瓷事业，他所烧制的瓷器色料精美绝伦。他诗词、书法、绘画样样精通，书法造诣与元代著名书法大家赵孟頫相近。他钻研制陶工艺，用诗书画点缀，瓷器愈发精美，工艺愈发精湛，深受人们的喜爱，一时驰名天下。本诗用华丽的辞藻、优美的语言生动地展现了昊十九所制瓷器的精美，体现了昊十九对工艺的极致追求和精益求精的精神和态度。

※　成长启示

工匠精神是一种精益求精的职业态度，需要坚守、情怀和修行。当代大学生要以实现中华民族伟大复兴为使命，在今后的工作中追求完美，摒弃浮躁之气，要能静心端坐，将工匠精神外化为实践行动。

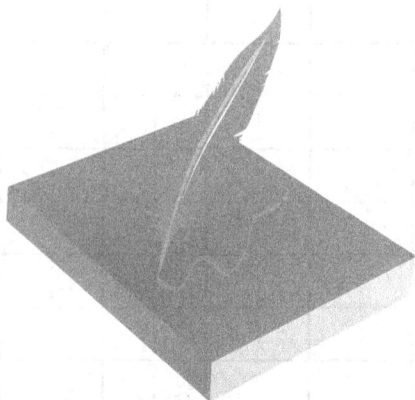

复盘与反思

复盘与反思项目	成长收获	劳动教育成效自评		
		优秀	良好	合格
道德品行				
知识技能				
身体机能				
审美能力				
劳动素养				
其他方面（如思维能力、自理能力、意志力等）				
复盘与反思结论				
小组评价	组长签字：　　　　　日期：			
教师评价	教师签字：　　　　　日期：			

第三节　一丝不苟

梦想属于每一个人，广大劳动群众要敢想敢干、敢于追梦。说到底，实现中华民族伟大复兴的中国梦，要靠各行各业人们的辛勤劳动。现在，党和国家事业空间很大，只要有志气有闯劲，普通劳动者也可以在宽广舞台上展示自己的人生价值。

——2016 年 4 月 26 日习近平在知识分子、劳动模范、青年代表座谈会上的讲话

知识与能力

一丝不苟是指办事认真，连最细微的地方也不敢马虎。作为通向精益求精的必要路径，一丝不苟主要体现在始终严格遵守工作规范和质量标准，兢兢业业做事，一板一眼工作，把每个操作要求和工作步骤都落实到位，不投机取巧，不寻求捷径，不敷衍了事，不放过任何一个细节和细微之处，确保操作结果符合标准甚至高于标准，没有瑕疵，不留缺憾。

一丝不苟是工匠们敬业担当、严谨细致、求真务实的精神体现。工匠们深知"天下大事，必作于细"，因而对自己所从事的工作及岗位兢兢业业、认真负责。全面建设社会主义现代化国家新征程，要培厚工匠精神的土壤，推动更多工匠竞相涌现，并号召工匠们预防"失之毫厘、谬以千里"，不放过任何一个细节，不忽视任何一个细微之处，倾注匠心，创造出巧夺天工的精品，为经济社会发展注入充沛活力。

做任何事情都需要一丝不苟，对于一个优秀的工匠来说，一丝不苟不仅是一种工作态度，还是一种行为习惯、一种职业操守。这其中有两个要素：一是高超的技术技艺，没有这个要素，无论如何认真，都不可能将事情做好；二是工艺规程，没有这个要素，认真就没有了依据，没有了方向，甚至会出现南辕北辙的现象。

一丝不苟是自身要求，是细节上的坚守、态度上的严谨。作为匠人，只有做到注重细节，一丝不苟，不断提升，才能创造能够传承的作品。

故事与案例

"火药雕刻师"徐立平

徐立平，中国航天科技集团公司第四研究院 7416 厂航天发动机固体燃料药面整形组组长，国家高级技师、航天特级技师。

固体燃料发动机是战略战术导弹装备的心脏，也是发射载人飞船火箭的关键部件，它的制造有上千道工序，要求最高的工序之一就是发动机固体燃料的微整形。雕刻固体燃料，也就是火药，极其危险，稍有不慎蹭出火花，就会引起燃烧，甚至爆炸。徐立平从 1987 年参加工作起，就一直从事极其危险的航天发动机固体燃料药面整形工作，被称为"在炸药堆里工作"。30 多年来，徐立平因其精湛技艺、敬业态度和奉献精神而被赞誉为"雕刻火药的大国工匠"，先后获得航天固体动力事业 50 年"十大感动人物"、"三秦楷模"、"中华技能大奖"、"全国五一劳动奖章"、2015 年度"感动中国人物"、2021 年"大国工匠年度人物"等荣誉。

1989 年，中国某重点型号即将试车的发动机出现燃料药面脱黏。徐立平主动请缨，加入突击队。他和其他突击队员忍受浓烈气味，轮流进入空间狭窄、装满成吨推进剂的发动机壳体内半躺半跪地进行作业，历时 2 个多月，挖出 300 多公斤推进剂，成功排除故障。任务完成后，徐立平的双腿疼得很长一段时间无法正常行走。

火药整形在全世界都是一个难题，无法完全用机器代替。下刀的力道，完全要靠工人自己判断，火药整形不可逆，一旦切多了或者留下刀痕，药面精度与设计不符，发动机点火之后，火药不能按照预定走向燃烧，发动机就很可能偏离轨道甚至爆炸。0.5 毫米是固体发动机药面精度允许的最大误差，而经徐立平之手雕刻出的火药药面误差不超过0.2 毫米，堪称完美。

为了杜绝安全隐患，徐立平还自己发明设计了 20 多种药面整形刀具，有两种获得国家专利，一种还被单位命名为"立平刀"。

常年一个姿势雕刻火药以及火药中毒后遗症，使徐立平的身体变得向一边倾斜，头发也掉了大半。30 多年来，他甘于寂寞，冒着巨大的危险雕刻火药，被人们誉为"雕刻火药的大国工匠"。徐立平立足航天固体发动机整形岗位，不惧危险、执着坚守，勇于担当，练就了一身绝技绝招，成为中国航天固体推进剂整形技术领域的领军人物。

（资料来源：根据网络资料整理。）

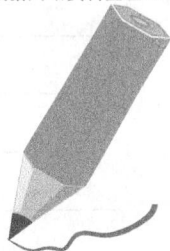

感悟与行动

※　学习感受

_____

_____

_____

_____

※　阅读收获

_____

_____

_____

_____

※　未来计划

_____

_____

_____

_____

_____

※　立刻行动

_____

_____

_____

_____

劳动与实践

※ 学校劳动实践

劳动主题	制作一件文创作品
劳动目的	文化产业是一个朝阳产业,更是一个能够立足中国传统文化并能够将中国传统文化传承与创新的产业。通过制作一件文创作品,培养精心细致、追求完美的精神品质
劳动内容	依据个人兴趣爱好选择文创项目,如陶瓷、书签、油纸伞、手工扇、满绣、苇画等,鼓励制作受市场欢迎的高质量文创作品,从而成功推向市场
劳动要求	1. 体现中国文化特色 2. 作品要求有质感、有温度、有故事 3. 制作过程中要求耐心细致,作品能够彰显一定的艺术价值 4. 小组劳动,每组 3～5 人
小组成员	
劳动时间	
作品名称	
作品文化背景	
作品制作过程	
作品展示	
本次劳动收获	

※　社会劳动体验

劳动主题	救助流浪动物
劳动目的	通过宣传活动提高市民保护动物及自我防护意识，通过救助流浪动物提高城市文明水平
劳动内容与要求	1. 制作简洁清晰的宣传教育传单 2. 注意卫生与个人安全防护 3. 可依托专业志愿者团队或志愿者网站开展活动
劳动时间	
宣传单设计	
实施过程	
实施效果 （如救助数量、 处置结果等）	
本次劳动收获	

※ 家庭劳动技能提升

劳动主题	插花
劳动目的	精心挑选鲜花并进行再加工，使之成为一件精致完美、富有生活情意的艺术品，提升创造美、欣赏美的能力
劳动内容与要求	1. 自选插画风格与素材 2. 注意色彩、花卉性质等的合理搭配，符合审美及健康需求 3. 注意劳动工具的安全使用
劳动时间	
花卉名称及数量需求	
制作原理及整体构思	
成果展示	
本次劳动收获	

传承与拓展

※　诗词临摹

古剑篇（又作宝剑篇）

[唐] 郭震

君不见昆吾铁冶飞炎烟，红光紫气俱赫然。

良工锻炼凡几年，铸得宝剑名龙泉。

龙泉颜色如霜雪，良工咨嗟叹奇绝。

琉璃玉匣吐莲花，错镂金环映明月。

正逢天下无风尘，幸得周防君子身。

精光黯黯青蛇色，文章片片绿龟鳞。

非直结交游侠子，亦曾亲近英雄人。

何言中路遭弃捐，零落漂沦古狱边。

虽复沉埋无所用，犹能夜夜气冲天。

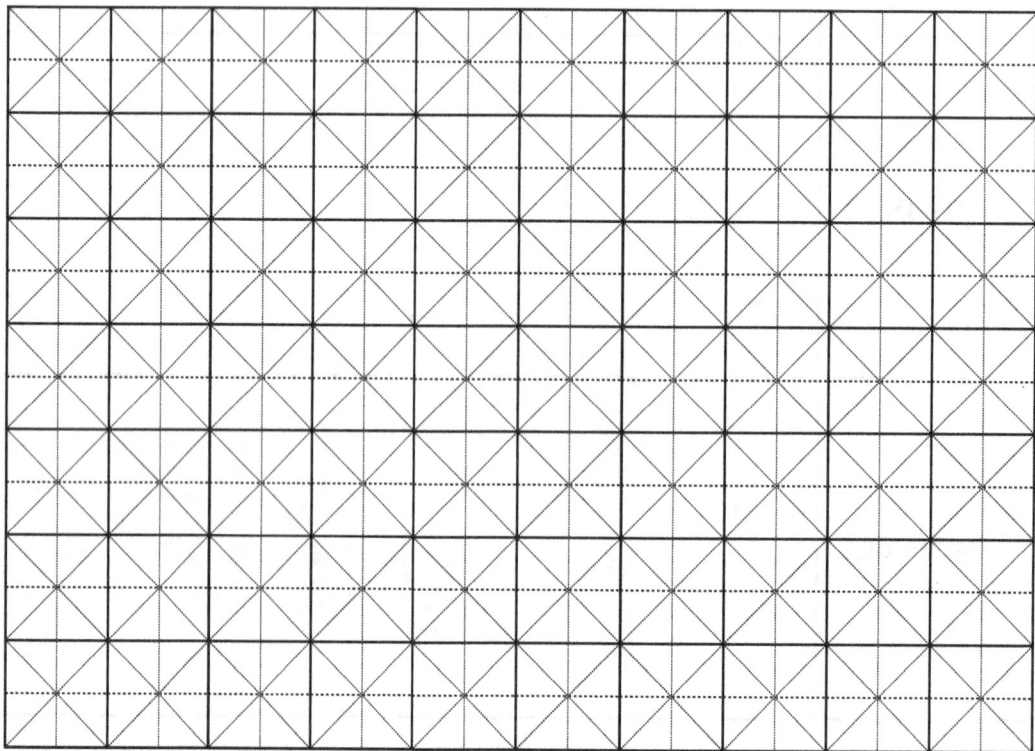

※ 拓展探析

这是一首描写古人锻造龙泉宝剑的诗篇。选用当时最好的昆仑山铁矿石，用最好的工匠经过几年的时间锤炼成龙泉宝剑，然后用黄金镂饰金环，如一轮明月般熠熠闪光，用绿宝石镶嵌的剑柄如龟甲一样令人眼馋，就连剑鞘都用琉璃和玉石装饰成莲花图案。最上等的材料、最高超的技艺，加之最严谨、细致的工作态度，才能打造出世人赞叹不绝的宝剑，体现了工匠精湛的技艺和严谨敬业、一丝不苟的精神。

※ 成长启示

随着时代的发展，产品制造系统、产业体系、社会治理结构日趋复杂，我们的时代已正式进入"零误差"时代，即使局部、微小的误差和疏忽，也可能铸成大错，甚至导致整个事业的失败，因而一丝不苟精神在当今时代更加具有现实意义。大学生在学习和工作中不仅要多思勤学、钻研业务，还要保持一颗严谨的心和一种敬畏的态度，才能到达成功的彼岸。

复盘与反思

复盘与反思项目	成长收获	劳动教育成效自评		
		优秀	良好	合格
道德品行				
知识技能				
身体机能				
审美能力				
劳动素养				
其他方面（如思维能力、自理能力、意志力等）				
复盘与反思结论				
小组评价	组长签字：　　　　日期：			
教师评价	教师签字：　　　　日期：			

第四节　追求卓越

三百六十行，行行出状元。任何一名劳动者，要想在百舸争流、千帆竞发的洪流中勇立潮头，在不进则退、不强则弱的竞争中赢得优势，在报效祖国、服务人民的人生中有所作为，就要孜孜不倦学习、勤勉奋发干事。

——2015 年 4 月 28 日习近平在庆祝"五一"国际劳动节暨表彰全国劳动模范
和先进工作者大会上的讲话

知识与能力

推动中国制造向中国创造转变、中国速度向中国质量转变、中国产品向中国品牌转变是适应经济发展新常态的根本出路所在。追求卓越的理想信念，树立远大的理想和高远的信念，人生才有奔头。

追求卓越是工匠们积极进取、超越自我、开拓创新的精神体现。工匠们不应遵循守旧、故步自封，而应与时俱进，追求至善至美的境界，这样才会不断创新，才能打造出有生命、有灵魂的产品，在服务人民、奉献社会的实践中铸就新的历史伟业。

故事与案例

焊接高铁的工人院士李万君

李万君，中车长春轨道客车股份有限公司首席焊工，"全国五一劳动奖章""中华技能大奖""国务院政府特殊津贴"获得者，被称为"中国第一代高铁工人"，被评为"感动中国 2016 年度人物"。

2007 年，作为全国铁路第六次大提速主力车型，法国的时速 250 公里动车组在长客股份公司试制生产。转向架环口由于要承载重达 50 吨的车体重量，因此成为高速动车制造的关键部位，对其焊接成型的要求极高。试制初期，因焊接段数多，焊接接头极易出现不熔合等严重质量问题，一时成为制约转向架生产的瓶颈。关键时刻，李万君凭着一股子钻劲，最终摸索出了"环口焊接七步操作法"，利用该方法生产的转向架成型好、质量高，成功突破了批量生产的关键。这项令法国专家十分惊讶的"绝活"，现已经被纳入生产工艺当中。

2008 年，中国北车从德国西门子引进了时速达 350 公里的高速动车组技术。由于外方此前也没有如此高速的运营先例，转向架制造成了双方共同攻关的课题。带着领导的重托，李万君参加了转向架焊接工艺评定专家组，并发挥了高技能人才的特殊作用。以李万君试制取得的有关数据为重要参考，企业编制的《超高速转向架焊接规范》在指导批量生产中解决了大问题。如今，中车长春轨道客车股份有限公司的转向架年产量比庞巴迪、西门子和阿尔斯通等世界三大轨道车辆制造巨头的总和还多。李万君也因为在高铁制造中所作出的特殊贡献而赢得了"高铁焊接大师"的美誉。

为了给高速动车组生产培养新生力量，李万君肩负起了为企业培养后备技术工人的重任。2011 年，李万君主持"焊工首席操作师工作室"，他一边工作，一边将自己的知识技能汇编成教材、承担培训任务。2013 年，长春市焊工比赛的前三名都是李万君的得意门生，在他的精心指导下，多名徒弟已经成长为技师、高级技师和操作师，在高铁生产中承担着重要职责。

接踵而来的荣誉，记录了李万君从一名普通焊工成长为"高铁焊接大师"的发展历程。面对这些，李万君没有满足，他始终保持着焊接工人的本色，用实际行动实践着人生的最大价值，为企业、为我国高铁事业继续做着不懈努力，争作更大的贡献。

（资料来源：根据网络资料整理。）

感悟与行动

※ 学习感受

_____

_____

_____

_____

※ 阅读收获

_____

_____

_____

_____

※ 未来计划

_____

_____

_____

_____

※ 立刻行动

_____

_____

_____

_____

劳动与实践

※　学校劳动实践

劳动主题	品读一本书
劳动目的	通过认真阅读一本书，滤除浮躁的心态，在静心中品味人生，在专注中逐渐成长
劳动内容与要求	1. 内容积极向上 2. 具有较强的可读性 3. 坚持阅读与反思 4. 写好读书笔记
劳动时间	
书名	
可读性分析	
读书笔记	
本次劳动收获	

※ 社会劳动体验

劳动主题	旧衣物回收与捐赠
劳动目的	提升动手清洗与修补能力，培养服务社会的能力和吃苦耐劳精神
劳动内容与要求	1. 在小区内设立旧衣物回收点，回收旧衣物并挑选分类打包后捐赠给经济相对困难地区或群体 2. 部分脏衣服或有损坏部分需要进行清洗与修补 3. 可依托专业服务团队或志愿者网站开展活动，也可小组活动
劳动时间	
劳动形式介绍	
劳动过程	
成果描述（回收数量、捐赠数量、清洗数量、修补数量等）	
本次劳动收获	

※　家庭劳动技能提升

劳动主题	中草药香囊制作
劳动目的	传承中国传统文化，提升动手制作能力，涵养工匠精神
劳动内容与要求	1. 了解中草药的功效与香囊制作方式 2. 自选香囊种类，如提神、驱蚊等 3. 香囊要求配色美观，发挥创造力 4. 注意劳动工具的安全使用
劳动时间	
香囊功效原理介绍	
制作工艺介绍	
制作过程	
成果展示	
本次劳动收获	

传承与拓展

※ 诗词临摹

咏白玉金边素瓷胎

[清] 弘历

白玉金边素瓷胎，雕龙描凤巧安排。

玲珑剔透万般好，静中见动青山来。

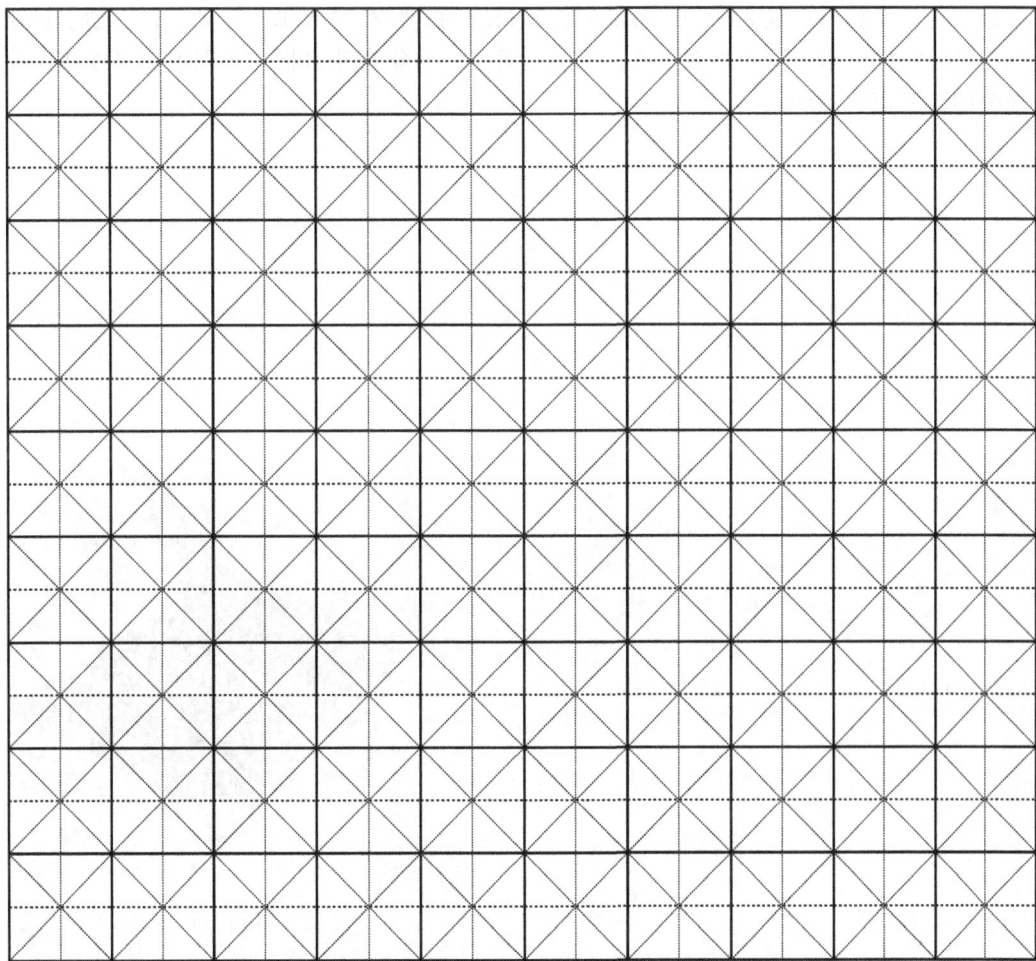

※　拓展探析

这首诗用生动、具象的辞藻描写出瓷器的美轮美奂，瓷器上的画作栩栩如生，反映了工匠巧夺天工的精湛技艺和高超的画技。通过这种描写，赞美了中华文化之博大精深、底蕴深厚和泱泱大国之人才济济。精美绝伦的瓷器反映了当时工匠不断提高技艺、不断突破和超越自我、追求卓越的工匠精神。

※　成长启示

追求卓越，就是执着专注，坚持最高标准、最严要求，精心规划设计，精心雕琢打磨，精心磨合演练，不断突破和创造奇迹。新时代大学生不仅要做工匠精神的传承者，更要成为工匠精神的践行者和突破者，让工匠精神绽放异彩。工匠精神落在个人层面，就是一种认真精神、敬业精神，就是要将精益求精的精神融入每一个环节，以勤学长知识、以苦练精技术、以创新求突破，为实现第二个百年奋斗目标、实现中华民族伟大复兴的中国梦奋勇前进。

复盘与反思

复盘与反思项目	成长收获	劳动教育成效自评		
		优秀	良好	合格
道德品行				
知识技能				
身体机能				
审美能力				
劳动素养				
其他方面（如思维能力、自理能力、意志力等）				
复盘与反思结论				
小组评价	组长签字：　　　　　日期：			
教师评价	教师签字：　　　　　日期：			

参 考 文 献

费晓丹，2022．新时代高职院校劳动教育分析[J]．现代商贸工业，43（16）：71-73．

何卫华，林峰，2019．大学生劳动教育理论与实践教程[M]．厦门：厦门大学出版社．

教育部职业技术教育中心研究所，2021．劳动教育读本（高职版）[M]．北京：高等教育出版社．

孔祥慧，刘明耀，张金平，等，2022．种子花开：雷锋式大学生成长手册[M]．北京：中国石化出版社．

劳家仁，2022．新时代职业院校劳动教育的内涵、现实困惑及实践理路[J]．教育与职业（8）：55-58．

李效东，2021．大学生劳动教育概论[M]．北京：清华大学出版社．

刘国胜，柳波，袁炯，2022．大学生劳动教育[M]．北京：人民邮电出版社．

刘蕾，2021．高职院校劳动教育的问题及解决对策[J]．辽宁经济管理干部学院学报（6）：77-79．

吕罗伊莎，王调品，刘桦，2021．劳动教育教程[M]．北京：北京师范大学出版集团．

马宁，2022．强化劳动教育"三全育人"功能的实践路径探索[J]．天津职业院校联合学报，24（6）：68-73．

石国伟，吴青松，杜迎，2020．新时代劳动教育实践教程[M]．延吉：延边大学出版社．

时伟，2022．高校劳动教育课程的特征、架构与实施[J]．中国高教研究（6）：85-90．

王开淮，2021．劳动教育[M]．北京：清华大学出版社．

王彤光，薛俊梅，2021．耕读劳动：学农与创新创业实践[M]．北京：中国农业出版社．

巫建华，曲霞，2021．耕读劳动：新时代劳动教育概论[M]．北京：中国农业出版社．

巫建华，徐芳，2021．耕读劳动：新时代劳动教育实践[M]．北京：中国农业出版社．

周吉林，王秋林，等，2016．立志 修身 成才：做合格大学生[M]．2版．成都：西南交通大学出版社．

朱泽权，2022．高职院校劳动教育的内涵、类型与实施策略[J]．职业教育（下旬刊），21（6）：22-28．

宗伟，周兴前，2021．大学生劳动教育与实践[M]．北京：科学出版社．